Q&A
マイクロモビリティによる
交通事故の責任・保険・過失相殺
―― 電動キックボード・電動立ち乗り二輪ボード・モペット ――

著　藤井　裕子（弁護士）

新日本法規

は　し　が　き

　私が、マイクロモビリティによる交通事故の事案を取り扱い、本書を執筆するに至ったのは、公益財団法人日弁連交通事故相談センター東京支部、同本部で、2017年に発生した電動立ち乗り二輪ボードの交通事故を担当したことがきっかけです。当時は、この乗り物は何だということに始まり、適用される法律、保険が不明確な中で、被害者側・加害者側の代理人弁護士、裁判所も手探りで主張や訴訟指揮を重ね苦労しました。

　その後も、保険会社へのヒアリング、公益財団法人日弁連交通事故相談センター東京支部での研修担当、電動キックボードの利用者に話を聴く機会なども経て、マイクロモビリティに関する基礎的な知識、適用される法律、保険、制度につき情報収集と研究を重ねて整理してきました。

　そのような中で、マイクロモビリティがどのような乗り物で、どのような法律や保険が適用されるのか、また、マイクロモビリティとして想定される事故態様にかかる過失相殺につき、マイクロモビリティに特化して整理、解説した本があれば、実務に役に立つだろうと思っていたところ、書籍としてまとめる機会をいただいた次第です。

　2023年7月から改正道路交通法が施行され、特定小型原動機付自転車、特例特定小型原動機付自転車の車両区分が設けられていますが今後もその手軽さゆえに利用頻度が増え、マイクロモビリティの事故がさらに増えていくのではないかと懸念されます。

　また、マイクロモビリティの過失相殺については基準化するのは時期尚早かもしれませんが、マイクロモビリティ特有の事故類型もあることから、整理を試みました。

本書が、マイクロモビリティの交通事故を担当する法律実務家の皆様の議論のたたき台として役立てられ、マイクロモビリティで事故に遭った被害者の救済に少しでも寄与し、ひいては、マイクロモビリティの然るべき保険への加入の普及につながれば、と切に願っています。

　2024年10月

藤　井　裕　子

著 者 紹 介

藤 井 裕 子（フリージア法律事務所／弁護士）

平成21年12月　弁護士登録（東京弁護士会）

平成26年4月　　東京弁護士会常議員、日本弁護士連合会代議員

平成25年4月〜平成31年3月、令和4年4月〜現在

　　　　　（公財）日弁連交通事故相談センター東京支部委員会委員

平成30年12月〜現在

　　　　　（公財）日弁連交通事故相談センター研究研修委員会委員

令和元年9月〜現在

　　　　　（公財）日弁連交通事故相談センター本部嘱託

＜主要著書等＞

『裁判例と自賠責認定にみる　神経症状の等級評価－後遺障害認定
　の傾向と着眼点－』（共著、新日本法規出版、令和6年）

『民事交通事故訴訟　損害賠償額算定基準（通称：赤い本)』（共著、
　（公財）日弁連交通事故相談センター東京支部、平成26〜31年、
　令和5・6年）

『交通事故損害額算定基準（通称：青本)』（共著、（公財）日弁連交
　通事故相談センター、令和2・4・6年）

※執筆協力：佐々木貴子（イラスト担当）

略　語　表

＜法令等の表記＞

根拠となる法令等の略記例及び略語は次のとおりです。〔　〕は本文中の略語を示します。

道路交通法第2条第1項第10号＝道交2①十

自賠	自動車損害賠償保障法〔自賠法〕	道交令	道路交通法施行令
		道交則	道路交通法施行規則
自賠令	自動車損害賠償保障法施行令	道路	道路法
		標識令	道路標識、区画線及び道路標示に関する命令
自賠則	自動車損害賠償保障法施行規則		
		民訴	民事訴訟法
車両	道路運送車両法	日米地位協定	日本国とアメリカ合衆国との間の相互協力及び安全保障条約第6条に基づく施設及び区域並びに日本国における合衆国軍隊の地位に関する協定
車両令	道路運送車両法施行令		
車両則	道路運送車両法施行規則		
地税	地方税法		
地税規	地方税法施行規則		
道運	道路運送法		
道交	道路交通法		

＜判例の表記＞

根拠となる判例の略記例及び出典の略称は次のとおりです。

最高裁判所平成9年10月31日判決、判例時報1623号80頁
＝最判平9・10・31判時1623・80

判時	判例時報	民集	最高裁判所（大審院）民事判例集
判タ	判例タイムズ		
交民	交通事故民事裁判例集	自保	自保ジャーナル
裁判集民	最高裁判所裁判集民事	刑月	刑事裁判月報
東高時報	東京高等裁判所判決時報	刑集	最高裁判所刑事判例集

目　　次

第1章　マイクロモビリティとは

ページ

1　マイクロモビリティの概要は………………………………………3

2　電動キックボードとは……………………………………………7

　コラム1　電動キックボードの実勢価格、航続距離、燃費…………11

3　電動立ち乗り二輪ボードとは……………………………………12

4　ペダル付原動機付自転車（モペット）とは…………………15

　コラム2　電動スーツケース…………………………………………20

5　電動アシスト自転車の位置付けは……………………………21

　コラム3　名探偵コナンのスケートボードはマイクロモビリ
　　　　　　ティか……………………………………………………24

第2章　マイクロモビリティの道路運送車両法と道路交通法上の位置付け

6　道路運送車両法と道路交通法の目的と役割の違いは…………27

7　道路運送車両法と道路交通法の二輪の車両区分の違いは………30

8　マイクロモビリティの道路運送車両法と道路交通法上の
　　分類は………………………………………………………………35

9　マイクロモビリティのナンバープレート、車検、税金は………37

　コラム4　二輪で他人のために有償で貨物を運送するため
　　　　　　には………………………………………………………41

10　特定小型原動機付自転車とは……………………………………42

　コラム5　バイク型特定小型原動機付自転車………………………50

2 　　　　　目　　次

11　マイクロモビリティの道路交通法上のルールは……………51

12　道路運送車両法、道路交通法、自賠法上の道路とは…………56

第3章　マイクロモビリティに関する責任、保険、トラブル

13　マイクロモビリティは自賠法の対象になるか………………63

　　コラム6　構内自動車等の自賠責保険は……………………………66

14　保安装置が不十分なマイクロモビリティは自賠法3条の
　　運行供用者責任の対象になるか………………………………67

　　コラム7　自衛隊車両や米軍車両と自賠法3条の運行供用者
　　　　　　　責任…………………………………………………………71

15　購入した機種が道路で使用できない機種だった場合は…………72

　　コラム8　電動キックボード等備付困難自動車に関する証明
　　　　　　　書の電磁的取扱い………………………………………76

16　道路と評価され道路交通法違反、道路運送車両法違反と
　　なる場合は……………………………………………………………77

　　コラム9　マイクロモビリティの修理と購入時の注意点……………83

17　ペダル付原動機付自転車が電動アシスト自転車として売
　　られていた場合は……………………………………………………84

18　ペダル付原動機付自転車をペダル漕ぎしている時に衝突
　　した場合は……………………………………………………………86

　　コラム10　相手方のマイクロモビリティの定格出力等を知り
　　　　　　　たい場合……………………………………………………90

19　マイクロモビリティの保有者が責任無能力者の場合の問
　　題点は……………………………………………………………………91

20　マイクロモビリティを保有していた責任無能力者本人が
　　運転者の場合の責任の所在は…………………………………96

目　次

21　マイクロモビリティを保有していたのが責任無能力者
　　で、運転者が責任能力者の場合の責任の所在は……………98

　　コラム11　相手方のマイクロモビリティの保有者の探し方…………101

22　マイクロモビリティの2人乗りの場合の運行支配と他
　　人性…………………………………………………………………103

23　他人に貸した場合等の保有者の運行供用者責任や不法行
　　為責任は……………………………………………………………107

24　盗まれたり行方不明になった場合等の保有者の運行供用
　　者責任は……………………………………………………………111

　　コラム12　マイクロモビリティの盗難対策……………………………114

25　マイクロモビリティを押し歩き中の運行供用者責任は………115

26　マイクロモビリティの駐停車中に起きた事故の運行供用
　　者責任は……………………………………………………………118

27　マイクロモビリティを被害車両とする非接触事故につい
　　ての問題点は………………………………………………………121

28　自賠責保険の付保がないマイクロモビリティの道路上事
　　故の政府保障事業の適用は………………………………………124

　　コラム13　政府保障事業の請求の仕方、異議申立ての仕方…………129

29　自賠責保険の付保がないマイクロモビリティの道路外事
　　故の政府保障事業の適用は………………………………………130

　　コラム14　マイクロモビリティによるひき逃げ事故に遭った
　　　　　　　場合……………………………………………………………133

30　マイクロモビリティに適用される任意保険としてはどの
　　ようなものがあるか………………………………………………134

　　コラム15　相手方のマイクロモビリティの保険の有無の調査
　　　　　　　方法……………………………………………………………138

31　加害者側が完全無保険の場合の損害賠償金の回収方法は……139

第4章　過失相殺

○事故態様図のイラスト一覧……………………………………147

32　マイクロモビリティの過失相殺の考え方は………………148

33　通行可能な歩道における特例特定小型原動機付自転車の
　　歩道走行モードの過失相殺の考え方は………………………154

34　路側帯における特例特定小型原動機付自転車の歩道走行
　　モードの過失相殺の考え方は…………………………………166

35　横断歩道における特例特定小型原動機付自転車の歩道走
　　行モードの過失相殺の考え方は………………………………177

36　歩車道の区別のない道路における特例特定小型原動機付
　　自転車の歩道走行モードの過失相殺の考え方は……………191

37　車道における特例特定小型原動機付自転車の歩道走行モ
　　ードの過失相殺の考え方は……………………………………197

38　自転車道・普通自転車専用通行帯における特例特定小型
　　原動機付自転車の歩道走行モード・特定小型原動機付自
　　転車の過失相殺の考え方は……………………………………200

39　通行不能な歩道における特例特定小型原動機付自転車の
　　歩道走行モードの過失相殺の考え方は………………………212

40　車道（自転車道以外）におけるマイクロモビリティの過
　　失相殺の考え方は………………………………………………222

41　歩道通行できないマイクロモビリティによる歩道ないし
　　路側帯における事故の過失相殺の考え方は…………………225

42　マイクロモビリティの過失相殺の修正要素は………………236

第 1 章

マイクロモビリティとは

2

1 マイクロモビリティの概要は

Q 最近、街中で、電動キックボードが走っていたり、自転車のように見えるがペダルを全く漕がないで走る乗り物を見かけます。

電動キックボードなどによる交通事故の報道を新聞やニュースで見ることもあります。

これらの新たな乗り物は、法律上はどのような位置付けなのか概要を教えてください。

A 本書では、国土交通省のいう「新たなモビリティ」のうち、電動キックボード、電動立ち乗り二輪ボード、ペダル付原動機付自転車（モペット）などを「マイクロモビリティ」と定義します。

交通事故という観点から、国の保安基準等を満たしておらず用途無視で使われる機種も含め、道路運送車両法上の区分や道路交通法上の扱い、交通事故に関する責任や保険等を解説していきます。

解 説

1 新たなモビリティ（新たな乗り物）

今まで道路を走っていた典型的な自動車や原動機付自転車とは見た目が異なる乗り物を、街中で見ることも増えてきました。

国土交通省のHPでは、電動キックボード、自動配送ロボット、搭乗型移動支援ロボットなどにつき、「新たなモビリティ」（新たな乗り物）

4　　　　　第1章　マイクロモビリティとは

として紹介されています。「新たなモビリティ」には、人の乗用が予定
されていない乗り物や、電動車椅子など歩行者と同視される歩道通行
車も紹介されています。

2　マイクロモビリティ

　本書では、国土交通省のいう「新たなモビリティ」のうち、電動キ
ックボード、電動立ち乗り二輪ボード、ペダル付原動機付自転車など
を念頭に、人が乗車して運転し、原動機により陸上を移動させること
を目的として製作した用具で軌条若しくは架線を用いないもの又はこ
れにより牽引して陸上を移動させることを目的として製作した用具に
つき、「マイクロモビリティ」と定義します。

　マイクロモビリティは、基本的には、原動機により自走可能な乗り
物であり、原動機の動力は、具体的には電動式モーターになります。

　マイクロモビリティは、典型的な自動車や原動機付自転車と同様に
交通事故に遭う可能性があり、その運転者や保有者は、交通事故に関
して責任主体になり得ます。

＜本書でいうマイクロモビリティ＞

　人が乗車して運転し、原動機により陸上を移動させることを目的として
製作した用具。

　基本的に、原動機により自走可能な乗り物。

> 電動キックボード

> 電動立ち乗り二輪ボード

> ペダル付原動機付自転車

3 道路運送車両法と道路交通法上の規制

マイクロモビリティの道路運送車両法上の車両区分は、基本的には、「原動機付自転車」（車両2③）であり、定格出力によっては「自動車」（車両2②）に該当する場合もあります。

そのため、道路運送車両法上の保安基準に適合した構造や保安装置が備わっていなければ道路では運行してはいけません。

また、マイクロモビリティの道路交通法上の車両区分は、「原動機付自転車」（道交2①十柱書）や「普通自動二輪車」、「大型自動二輪車」（道交3、道交則2）等に定格出力により分類され、当該車両区分に沿った交通ルールを守らなければなりません。

2023年7月1日からは、マイクロモビリティのうち電動キックボードやペダル付原動機付自転車の一定の基準を満たすものを、「特定小型原動機付自転車」（道交2①十ロ）として取り扱う制度も始まりました。

特定小型原動機付自転車は、運転免許不要、ヘルメット着用が努力義務に緩和される等の道路交通法上の緩和があるだけでなく、原動機付自転車としての道路運送車両法上の保安基準に定める構造等も一部緩和されているのが特徴です。

道路を運行する若しくは予定している原動機付自転車若しくは自動車は、自賠責保険に加入する義務があります。

4 用途無視で使用される場合

しかし、私たちが街中で見かけるようになった電動キックボードや電動立ち乗り二輪ボードなどが、必ずしも国の保安基準等を満たして道路を走行しているとは限りません。道路運送車両法上の保安基準に適合した構造や保安装置が不十分で本来なら道路走行が予定されていないのに、用途無視で使用されている機種もあります。

どちらかといえば、用途無視で使用されている機種の方が、保安基準に適合した構造や保安装置が備わっていないために、重大な交通事故を惹起させる蓋然性が高いともいえます。

　本書では、交通事故という観点から、用途無視で使用されている機種もマイクロモビリティに含め、道路運送車両法上の区分や道路交通法上の扱い、交通事故に関する責任や保険等を説明していきます。

2 電動キックボードとは

 電動キックボードとは、どのような乗り物なのか概要を教えてください。

 電動キックボードは、マイクロモビリティの中でも、比較的普及しています。

　原則として、道路運送車両法上は原動機付自転車若しくは自動車に該当しますが、2023年7月1日からは、一部の電動キックボードを、道路交通法上の特定小型原動機付自転車として取り扱う制度も始まりました。

　道路上でも道路外でも、電動キックボードの運行中に歩行者等に衝突して損害を与えた場合には、被害者に対して民法上ないし自賠法上の責任が生じる場合があり、交通事故や安全に関する報道もされています。

解　説

1　電動キックボードの概要

　電動キックボードは、電動スケートボード、電動キックスケーター、立ち乗り電動スクーターなどと呼ばれる乗り物です。

　基本的に人が乗車する車体部分は、前後に細長いボード（板）となっており、ボードの下部の前後2か所に車輪が付いており、足をボードの前後に置いて立ち乗りする機種が一般的です。

電動キックボードの進行方向を決めるハンドル部分は、ボードから柄が延びて取り付けられています。ブレーキは、ハンドル部分のレバーで前後の車輪の動きを制動する機種が一般的です。折りたためる機種もあります。

2　電動キックボードの車両区分

電動キックボードは一般向けに貸し出すシェアリング事業もあり、マイクロモビリティの中でも比較的普及しています。

車両区分は、道路運送車両法上、原動機付自転車若しくは自動車であり、定格出力によって、第一種原動機付自転車若しくは第二種原動機付自転車に分類されます。よって、道路を運行する際には車両区分の保安基準に適合した構造や保安装置を備えていなければ運行できません。

道路交通法上の定格出力により、原動機付自転車（一般原動機付自転車若しくは特定小型原動機付自転車）や普通自動二輪車、大型自動二輪車の車両区分に分類され、当該車両区分に沿った交通ルールを守らなければなりません。

これらの論点は、**第2章**で詳説します。

電動キックボードの車両区分

道路運送車両法	原動機付自転車（第一種原動機付自転車、第二種原動機付自転車）、自動車（二輪の軽自動車、二輪の小型自動車）
道路交通法	原動機付自転車（一般原動機付自転車、特定小型原動機付自転車）、普通自動二輪車、大型自動二輪車

電動キックボードのシェアリング事業で貸し出される電動キックボードの中には、2021年4月23日から2023年6月30日までの間、産業競争

力強化法に基づく新事業活動計画による特例措置の対象となっていたものもあり、特例電動キックボードと呼ばれ、特定の地域の運行につき、道路交通法に関する交通ルールが一部緩和されていました。

その後、2023年7月1日からは、一部の電動キックボードを、道路交通法上の特定小型原動機付自転車とする制度が始まり、交通ルールが一部緩和されました。国土交通省令である道路運送車両の保安基準の変更はありますが、道路運送車両法上は原動機付自転車若しくは自動車のままです（特定小型原動機付自転車に関しては、**設問10参照**）。

3　電動キックボードの交通事故が発生する蓋然性

普通の自転車の事故でもかなりの被害になる場合がありますが、電動キックボードの動力源は電動式モーターであり、事故の場合には相当程度の被害が想定されます。

電動キックボードに人が乗車する場合には、細長い車体に乗るわけなので、バランスが必要になります。

電動キックボードに乗っている人の重心が細長い車体の真ん中かつ下向なら安定しますが、少しの凹凸でも、重心が左右斜め方向にずれたり、車体の前後方向にずれるとバランスを崩し、場合によっては転倒することは容易に想定できます。

電動キックボードは、その性質上、コンクリートやアスファルト等凹凸なく舗装された場所でないと運行は困難であり、その結果、舗装された道路で乗ってみたいという欲求や好奇心が生じても心理的におかしくはありません。

なお、電動キックボードをはじめとするマイクロモビリティの取引市場では、「道路」ではなく「公道」は乗れないという言葉で紹介されていることが多く、消費者が、公道のみ走行不能のように誤解したり、私有地であればどこでも乗れるかのように誤解したりしているケース

が多くあると思われます。しかし、道路運送車両法も道路交通法も、「道路」の定義として、道路法に規定する道路等のほか、一般交通の用に供する場所を掲げており、たとえ、私有地であっても、不特定の人や車が自由に通行できる状態になっている場所は、一般交通の用に供する場所として「道路」であると、ある程度広く解されており、道路交通法に関する最高裁の判例、下級審の裁判例もあります（設問12・16参照）。

　仮に道路外の専用機種でも、電動キックボードの運行中に歩行者等に衝突して人身損害を与えた場合、基本的には、被害者に対して民法上の不法行為責任を負い、道路上・道路外にかかわらず、また自賠責保険の強制加入の対象の有無を問わず、自賠法3条の運行供用者責任が生じます。この点は、第3章で詳説します。

　電動キックボードが普及し始め、交通事故や安全に関する報道も目にするようになりました。

　電動キックボードを含めたマイクロモビリティの取引に関しては、道路交通法において、同法64条2項で無免許運転のおそれのある者に自動車又は一般原動機付自転車の提供をしてはならない、また、同法64条の2第2項で、16歳未満で特定小型原動機付自転車を運転することとなるおそれがある者に特定小型原動機付自転車を提供してはならない旨の規定があり、その点での小売り規制はありますが、それ以外には、特に規制がなく、購入者に交通事故の発生や責任が生じる可能性を意識させ、保険の附帯が必要と思われるように売られているのかは検証が必要で、制度等も含め、今後の課題といえます。

第1章　マイクロモビリティとは　　　11

コラム1

○電動キックボードの実勢価格、航続距離、燃費

　2024年8月末日現在、電動キックボードに関して、大手家電量販店や直販サイト等の実勢価格を調べると、以下のような価格帯にありました。

道路走行不能な第一種・第二種原動機付自転車（定格出力不明なものも含む）	40,000円～130,000円
道路走行可の第一種原動機付自転車	60,000円～360,000円
特定小型原動機付自転車（道路走行可）	60,000円～200,000円
道路走行可の第二種原動機付自転車	300,000円～400,000円

　道路走行不能な機種は平均的に安く、道路走行可の第一種原動機付自転車と特定小型原動機付自転車は同じ価格帯で、第二種原動機付自転車は比較的高額です。

　電動キックボードの1回の充電で走行できる航続距離の範囲は以下のとおりです。

道路走行不能な第一種・第二種原動機付自転車（定格出力不明なものも含む）	10km～18km程度
道路走行可の第一種原動機付自転車	30km～70km程度
特定小型原動機付自転車（道路走行可）	25km～70km程度
道路走行可の第二種原動機付自転車	70km程度

　電動キックボードの燃費は、充電電圧とバッテリー容量に左右され、家庭用電気料金を35円/kWhとして1か月に30回充電することを想定して計算すると、1か月当たりの電気代は26円～220円程度です。

　このように、電動キックボードは、購入価格や燃費の面で一般的な原動機付自転車と比べるとトータルコストとして安く、道路走行可能な機種であれば、ある程度の距離の走行も可能です。それゆえ、これからますます普及する可能性があり、必然的に交通事故に遭う確率が高くなることが予想されます。

3　電動立ち乗り二輪ボードとは

　電動立ち乗り二輪ボードとは、どのような乗り物なのか概要を教えてください。

　電動立ち乗り二輪ボードは、玩具として売られているケースもありますが、車両区分は、道路運送車両法上、原動機付自転車です。

　道路上でも道路外でも、電動立ち乗り二輪ボードの運行中に歩行者等に衝突して損害を与えた場合には、被害者に対して民法上ないし自賠法上の責任が生じる場合があります。

　コンクリートやアスファルト等凹凸なく舗装された箇所でないと運行は困難であり、電動立ち乗り二輪ボードが道路上で事故を起こす場合もあり、訴訟になったケースもあります。

解　説

1　電動立ち乗り二輪ボードの概要

　電動立ち乗り二輪ボードは、ミニセグウェイなどといわれて、インターネットや量販店で売られています。

　電動キックボードは前後に細長いですが、電動立ち乗り二輪ボードは、両足を開いて立ち乗りすることを想定して作られており、「横」に細長くなっています。横に細長いボード（板）の下部の左右2か所に車輪がついています。

第1章　マイクロモビリティとは　　　13

　電動立ち乗り二輪ボードは、ハンドルがありません。重心移動で進行方向を決めます。また、アクセルもなく、重心移動をして動き出し、その後は、基本的には、原動機により自走が可能です。

　車輪にブレーキ等の制動装置がなく、重心移動で止めます。

　前照灯はある場合もありますが、制動装置や方向指示器など道路上で運行するに際して道路運送車両法上の保安基準に適合した構造や保安装置を完備する機種は、電動立ち乗り二輪ボードの構造上、皆無といえます。

2　電動立ち乗り二輪ボードの車両区分

　電動立ち乗り二輪ボードは、一般の消費者が量販店やインターネット販売などで容易に購入でき、道路交通法64条2項では無免許運転になるおそれがある者への提供が禁止されていますが、玩具として売られているケースもあり、販売者側が必ずしも車両区分を意識して売っているとは限りません。

　玩具として売られていても、道路運送車両法上の車両区分は、原動機付自転車であり、定格出力によって、第一種原動機付自転車若しくは第二種原動機付自転車に分類されます。

　また、道路交通法上も定格出力により、原動機付自転車（一般原動機付自転車）や普通自動二輪車、大型自動二輪車の車両区分に沿って交通ルールが異なります。なお、形状からして、特定小型原動機付自転車にはなりません。

　道路を運行する若しくは予定している場合には、自賠責保険に加入する義務があります。

　これらの点に関しては、第2章、第3章で詳述します。

電動立ち乗り二輪ボードの車両区分	
道路運送車両法	原動機付自転車（第一種原動機付自転車、第二種原動機付自転車）
道路交通法	原動機付自転車（一般原動機付自転車）、普通自動二輪車、大型自動二輪車

3 電動立ち乗り二輪ボードによる交通事故が発生する蓋然性

　電動機の付いていない玩具用のスケートボードとは異なり、電動立ち乗り二輪ボードは、動力源は電動機のため、相当なエネルギーがあります。

　電動立ち乗り二輪ボードは、細長い車体で不安定なだけでなく、ハンドルがないため、人が乗車する際には、相当なバランスが必要になります。年齢ではなく運動能力やバランス感覚の問題のようで、人によっては乗れません。仮に乗ったとしても、乗っている人の重心が細長い車体の真ん中にありかつ下向きであれば安定しますが、重心が少しでもずれてしまうと、バランスを崩して簡単に転倒します。

　電動キックボードと同様にコンクリートやアスファルト等凹凸なく舗装された箇所でないと運行は困難です。

　電動立ち乗り二輪ボードが道路上で事故を起こす場合もあり、訴訟になったケースもあります（千葉地判令3・7・28（令2(ワ)1920））。

第1章　マイクロモビリティとは　　　　　　　　　　15

4　ペダル付原動機付自転車（モペット）とは

 ペダル付原動機付自転車（モペット）とは、どのような乗り物なのか概要を教えてください。

ペダル付原動機付自転車は、モペットとも呼ばれ、自転車のようにペダルを漕いで進むことができるが、他方でペダルを漕がなくても基本的に原動機の力のみで自走できる機能を兼ね備えている乗り物です。

　車体にペダルが付いており、一見自転車のように見えますが、道路運送車両法上の車両区分は原動機付自転車に該当し、道路交通法上は原動機付自転車若しくは普通自動二輪車等に該当します。つまり、ペダル付原動機付自転車は、見た目や名称と異なり、法律上の自転車ではないということが重要です。

解　説

1　ペダル付原動機付自転車の概要

　ペダル付原動機付自転車は、モペット、フル電動自転車、電動バイク、電動ハイブリッドバイクなどともいわれ、インターネットや量販店で売られています。

　ペダル付原動機付自転車は、自転車のようにペダルを漕いで進むことができるが、他方でペダルを漕がなくても基本的に原動機の力のみで自走できる機能を兼ね備えている乗り物です。

2　一般的なペダル付原動機付自転車の車両区分

一般的なペダル付原動機付自転車は、ペダルが付いており、一見自転車のように見えますが、道路運送車両法上の車両区分では定格出力によって、第一種原動機付自転車若しくは第二種原動機付自転車に該当します。

道路交通法上は、定格出力により、原動機付自転車や普通自動二輪車、大型自動二輪車の車両区分に分類されます。

つまり、一般的なペダル付原動機付自転車は、見た目や名称と異なり、法律上の自転車ではないということが重要です。

一般的なペダル付原動機付自転車は、原則として、道路を運行する際には、道路運送車両法上の車両区分の保安基準に適合した構造や保安装置を備えていなければ運行できません。自賠責保険の附帯も必要になります。

3　モード変更可能なペダル付原動機付自転車の車両区分

ペダル付原動機付自転車の中には、原動機の力及びペダルを用いた人の力を用いて運転する構造（EVモード）から、原動機の力を用いずペダル漕ぎのみで運転する構造（人力モード）に切り替えることができるもの（モード変更可能なペダル付原動機付自転車）が開発、販売されています。

下記の表の2つの要件を満たす場合には、モード変更可能なペダル付原動機付自転車として、道路交通法上、構造の切替えに応じてEVモードであれば原動機付自転車、人力モードであれば普通自転車として取扱いがなされます（令3・6・28警察庁丁交企発270・丁交指発60）。

もっとも、道路交通法上は上記の取扱いになったとしても、道路運

第1章　マイクロモビリティとは　　17

送車両法上の車両区分は原動機付自転車のままですから（令5・3・14国官参自保523）、自賠責保険における車両として、自賠責保険の附帯はもちろんのこと、人力モードでも自賠法3条の運行供用者責任を負うことになります（設問18参照）。

モード変更可能なペダル付原動機付自転車		
要件	・乗車している者が、車が停止していない状態で、EVモードから人力モードに切り替えることができず、かつ、人力モードからEVモードに切り替えることができない ・人力モードは、地方税法及び市町村（特別区を含む。）の条例に基づいて交付された原動機付自転車の標識を表示することができず原動機付自転車として適法に走行させることができない構造であり、かつ、それが明らかな外観となっている（なお、EVモードのときには、道路交通法71条6号の規定による都道府県公安委員会規則の規定により、原動機付自転車の標識を表示していなければならない）
効果	道路交通法 EVモードであれば原動機付自転車、人力モードであれば普通自転車として取り扱う
	道路運送車両法 原動機付自転車のまま

4　特定小型原動機付自転車としてのペダル付原動機付自転車

　なお、2023年7月1日からは、一部の電動キックボードに加え、ペダル付原動機付自転車も一定の基準を満たすものを、道路交通法上、特定小型原動機付自転車として取り扱う制度も始まりました。

ペダル付原動機付自転車の車両区分		
道路運送車両法	原動機付自転車（第一種原動機付自転車、第二種原動機付自転車）	
道路交通法	原動機付自転車（一般原動機付自転車、特定小型原動機付自転車）、普通自動二輪車、大型自動二輪車	
	モード変更可能なペダル付原動機付自転車の人力モードのときのみ普通自転車	

5　電動アシスト自転車として売られているケース

　ペダル付原動機付自転車は、一般の消費者が量販店やインターネット販売などで容易に購入でき、道路交通法64条2項では無免許運転になるおそれがある者への提供の禁止や同法64条の2第2項で16歳未満で特定小型原動機付自転車を運転するおそれがある者への提供禁止がありますが、それ以外に特に規制もありません。

　電動アシスト自転車として売られているケースもありますが、電動アシスト自転車の要件は法律上決まっているわけですから、実ペダル付原動機付自転車を購入していると認識されないまま購入してしまっているケースもあります。

　ペダル付原動機付自転車は、一見自転車のように見え、かつペダルを漕いでも自走が可能という特徴を持っているため、普通自転車に紛れて使用されているケースも見受けられます（設問17・18参照）。

第 1 章　マイクロモビリティとは　　　19

ペダル付原動機付自転車

モード変更可能な
ペダル付原動機付
自転車

特定小型
原動機付
自転車

電動アシスト自転車として
売られているケース

コラム2

○電動スーツケース

　スーツケースの中には、電動バイク機能を備え、自走し乗って移動できる2輪、3輪の電動スーツケースも国内外で販売されています。外国人が電動スーツケースを外国から日本国内に持ち込んだ場合でも、日本国内で使用する場合は、基本的には、日本法が適用されると解されます。

　電動スーツケースはマイクロモビリティの一種であり、定格出力により、2輪では第一種原動機付自転車以上の車両区分に該当し、3輪では、道路運送車両法施行規則1条1項2号・2項により、0.60kW以下の定格出力であれば第一種原動機付自転車に該当し、それ以上の定格出力であれば、二輪の軽自動車以上の車両区分に該当します。

　道路運送車両法上の原動機付自転車等に該当する以上は、所有者等は、定格出力に応じて、主たる定置場の市区町村からナンバープレートの交付を受け、税金を支払う必要があります（設問9参照）。自賠責保険の付保がなく保安基準や安全装置が不十分な場合は、道路と評価される場所では乗れません。

　また、構内で管理者から許可されて使用できる場合でも、運行によって人身事故を発生させた場合には、不法行為責任及び自賠法3条の運行供用者責任を負うと解されます（設問14参照）。

　電動スーツケースは任意保険も不十分な場合が考えられますが、施設内での人身事故では政府保障事業の適用がありません（設問29参照）。施設内での人身事故では、運行供用者はもとより、電動スーツケースの運行を許容ないし放置した施設側の責任も問われることになりかねず、検討が必要と考えます。

5　電動アシスト自転車の位置付けは

　　子どもの送り迎えに電動アシスト自転車を使っています。

電動アシスト自転車とペダル付原動機付自転車とは、同じ車両区分の乗り物なのでしょうか。

電動アシスト自転車の位置付けを教えてください。

　　　　電動アシスト自転車（駆動補助付自転車）とは、原動機だけでは自走不能で、専ら人力を補助するように作動し、力を加えた際に走行抵抗に応じて駆動補助力が加わる乗り物で、ペダル付原動機付自転車とは異なる車両区分の乗り物です。

解　説

1　電動アシスト自転車の概要と位置付け

　電動アシスト自転車は、原動機だけでは自走不能で、専ら人力を補助するように作動し、力を加えた際に走行抵抗に応じて駆動補助力が加わる乗り物で、インターネットや量販店、街の自転車専門店などでも取り扱われています。

　電動アシスト自転車は、本書が対象とするマイクロモビリティではありませんが、電動アシスト自転車として売られているペダル付原動機付自転車も存在するため、本設問で位置付け等を解説します。

2　電動アシスト自転車の道路交通法上の区分

　電動アシスト自転車は、道路交通法の「自転車」に含まれ（道交2①十一の二）、免許等は不要です。

電動アシスト自転車では、人がペダルを踏む力とモーターによる補助力の比率（アシスト基準）等の定めがあります（道交則1の3）。

電動アシスト自転車に該当するアシスト基準は下記の表のとおりです。

さらに、アシスト基準に改造することが容易でない構造であること、及び、原動機を用いて人の力を補う機能が円滑に働き、かつ、当該機能が働くことにより安全な運転の確保に支障が生じるおそれがないことが要件となっています。

電動アシスト自転車のアシスト基準

速度の区分	人の力：原動機を用いて人の力を補う力（最大）	
10km/h未満	1：2	・アシスト基準改造が容易でない構造 ・原動機を用いて人の力を補う機能が円滑に働く ・安全な運転の確保に支障が生じるおそれがない
10km/h以上24km/h未満	走行速度を時速から10を減じて得た数値を7で割った数値を2から減じた数値。⇒走行速度が24km/hに近づくにつれ、限りなく原動機を用いて人の力を補う力が0になっていく。	
24km/h以上	1：0	

電動アシスト自転車を含む自転車は、道路交通法上は「軽車両」（道交2①十一イ）となり、当該区分の交通ルールを守らなければなりません。

3　電動アシスト自転車の道路運送車両法上の位置付け

電動アシスト自転車は、道路交通法上は「軽車両」ですが、他方、道路運送車両法2条1項の「道路運送車両」とは、「自動車、原動機付自

転車及び軽車両をいう。」とあり、道路運送車両法上の「軽車両」は、馬車、牛車、馬そり、荷車、人力車、三輪自転車（側車付の二輪自転車を含みます。）及びリヤカーをいうとされています（車両2④、車両令1）。

　すると、電動アシスト自転車は、上記の道路運送車両法上の原動機付自転車や軽車両の定義に当てはまらず、道路運送車両法上では、道路運送車両にすら該当しません。

電動アシスト自転車の車両区分	
道路運送車両法	該当なし
道路交通法	軽車両（自転車）

4　電動アシスト自転車の保険

　電動アシスト自転車は、一般の自転車と同様に自賠責保険の対象にならず、任意保険の対人・対物賠償に関しては、個人賠償責任保険に加入してカバーすることになります。また、傷害保険としては、自転車等の交通乗用具を対象とする人身傷害補償保険に加入することになります。

5　ペダル付原動機付自転車との違い

　このように、電動アシスト自転車は、ペダル付原動機付自転車とは異なる車両区分の乗り物です。

　しかし、ペダル付原動機付自転車を電動アシスト自転車と称して売られているケースも見受けられ、警視庁や消費者庁のHPでも注意が呼びかけられています（設問17参照）。

コラム3

○名探偵コナンのスケートボードはマイクロモビリティか

　皆さんは、名探偵コナンはご存知でしょうか。

　コナンくんは、阿笠博士の発明したスケートボードに乗って犯人を追いかけたりするのですが、このスケートボード、マイクロモビリティに該当しないでしょうか。

　コナンくんのスケートボードは、一見、おもちゃのように見えなくはありませんが、スケートボードに乗って、犯人を追いかけたり、時にはカーチェイスをしており、想定される定格出力を考えますと、道路運送車両法上の原動機付自転車どころか自動車に該当しそうな感じです。

　おそらく、マイクロモビリティに該当するでしょう。道路を走行していますが、道路運送車両法上の保安基準に適合した構造や保安装置が十分のようには見えませんが、警視庁捜査一課や公安警察も公認のようなので何ともいえません……。

　黒の組織との対決も気になるところですが、このような視点でいろいろと考えると面白いですね。

第 2 章

マイクロモビリティの
道路運送車両法と
道路交通法上の位置付け

6 道路運送車両法と道路交通法の目的と役割の違いは

道路運送車両法と道路交通法とは、目的や役割に違いはあるのでしょうか。

道路運送車両法と道路交通法はいずれも車両に関して定める法律ですが、目的や役割に違いがあります。

道路運送車両法は、所有権についての公証等を行い、安全の確保等を目的としており、車両の登録や安全装置、車両の点検整備検査などを定めています。

道路交通法は、道路における危険を防止すること等を目的としており、主に運転免許や交通ルールなどを定めています。

解　説

1　道路運送車両法の目的と役割

道路運送車両法の目的は、道路運送車両に関し、所有権についての公証等を行い、並びに安全性の確保及び公害の防止その他の環境の保全並びに整備についての技術の向上を図り、併せて自動車の整備事業の健全な発達に資することにより、公共の福祉を増進することを目的としています（車両1）。

道路運送車両法は、車両の登録や安全装置、車両の構造や装置に関する保安基準や点検整備検査の内容などを定める役割をしています。

道路運送車両法の関係法令として、道路運送車両法施行令、道路運送車両法施行規則があり、保安基準である保安上又は公害防止その他

の環境保全上の技術基準は、道路運送車両の保安基準が定められています。道路運送車両法の保安基準の一部の条文は、さらに、道路運送車両の保安基準の細目を定める告示が定められています。道路運送車両の保安基準と細目を定める告示の対応関係は、国土交通省のHPで対応関係を表にしており、同省のHPを確認するのがよいでしょう。

2　道路交通法の目的と役割

道路交通法の目的は、道路における危険を防止し、その他交通の安全と円滑を図り、及び道路の交通に起因する障害の防止に資することを目的としています（道交1）。

道路交通法は、主に運転免許や交通ルールを定める役割をしています。

道路交通法の関連法令として、道路交通法施行令、道路交通法施行規則があります。

3　目的と役割の違い

道路運送車両法と道路交通法はいずれも車両に関して定める法律ですが、上記のとおり、目的と役割が異なります。

自動車の検査や登録、自賠法との関係については、道路運送車両法による車両区分が用いられています。すなわち、自賠法の対象となるか否かは、道路交通法上の分類ではなく道路運送車両法上の自動車若しくは原動機付自転車に該当するか否かが問題となり、この点に関しては、設問13も参照してください。

運転免許や交通に関しての取締りについては、道路交通法による車両区分が用いられています。道路交通法で定める交通ルールは、運転者等の注意義務の内容を基礎付けるものになります。

第2章　マイクロモビリティの道路運送車両法と道路交通法上の位置付け　29

道路運送車両法と道路交通法の目的と役割の違い

	目　的	役　割
道路運送車両法	道路運送車両に関し、所有権についての公証等を行い、並びに安全性の確保及び公害の防止その他の環境の保全並びに整備についての技術の向上を図り、併せて自動車の整備事業の健全な発達に資することにより、公共の福祉を増進することを目的	車両の登録や安全装置、車両の構造や装置に関する保安基準や点検整備検査の内容などを定める役割 ⇒自動車の検査や登録、自賠法との関係については、道路運送車両法による車両区分が用いられる
道路交通法	道路における危険を防止し、その他交通の安全と円滑を図り、及び道路の交通に起因する障害の防止に資することを目的	運転免許や交通ルールを定める ⇒運転者等の注意義務の内容を基礎付ける

7　道路運送車両法と道路交通法の二輪の車両区分の違いは

Q　道路運送車両法と道路交通法とで、車両区分をする際の定格出力や名称などには違いはあるのでしょうか。一致しているのでしょうか。

A　道路運送車両法では、定格出力が0.60kW以下のものは第一種原動機付自転車、その他のものは第二種原動機付自転車に区分されています。定格出力が1.00kWを超えると原動機付自転車ではなく自動車になり、定格出力ではなく大きさにより、二輪の軽自動車か二輪の小型自動車に区分されます。

　道路交通法では、定格出力が0.60kW以下のものを原動機付自転車とし、一般原動機付自転車と特定小型原動機付自転車に分けられています。定格出力が0.60kWを超えると二輪の自動車となり、20.00kWを超えると大型自動二輪車となり、それ以外が普通自動二輪車に区分されます。

解　説

1　道路運送車両法における自動車と原動機付自転車の区別

　道路運送車両法上の自動車の定義は、道路運送車両法2条2項に規定があります。

　「自動車」とは、原動機により陸上を移動させることを目的として製作した用具で軌条若しくは架線を用いないもの又はこれにより牽引して陸上を移動させることを目的として製作した用具であって、原動機付自転車以外のものをいうとされています。

　次に道路運送車両法上の原動機付自転車の定義を見ていきましょ

う。道路運送車両法2条3項に定義があります。

「原動機付自転車」とは、国土交通省令で定める総排気量又は定格出力を有する原動機により陸上を移動させることを目的として製作した用具で軌条若しくは架線を用いないもの又はこれにより牽引して陸上を移動させることを目的として製作した用具をいうとされています。

道路運送車両法施行規則1条1項では総排気量又は定格出力に関しての定めがあります。

1号は、内燃機関を原動機とするものですので、省略します。

2号は、定格出力について定めたものです。内燃機関以外のものを原動機とするものであって、二輪を有するものにあっては、その定格出力は1.00kW以下となっています。

つまり、道路運送車両法では、定格出力は1.00kW以下は原動機付自転車ですが、定格出力が1.00kWを超えると自動車になります。

2　道路運送車両法施行規則における原動機付自転車の種別等

国土交通省令である道路運送車両法施行規則では、原動機付自転車の範囲及び種別を定めています。

同施行規則1条2項では、定格出力を有する原動機付自転車のうち、定格出力が0.60kW以下のものを第一種原動機付自転車、その他のものを第二種原動機付自転車とすると定められています。

3　道路運送車両法施行規則における二輪の自動車の種別等

上記のとおり、定格出力1.00kWを超える二輪は、原動機付自転車ではなく、自動車となります。

道路運送車両法上の自動車では、総排気量での区分はされていますが、1.00kW超は定格出力による分類がされていません。電動式モー

ターなど内燃機関以外のものを原動機とする車両は、当該車両の「長さ、幅、高さ」といった車両の大きさによって分類されているのが特徴です。

道路運送車両法施行規則2条・別表第1では、長さ2.50m以下、幅1.30m以下、高さ2.00m以下は、二輪の軽自動車（軽二輪）、軽二輪以外は、二輪の小型自動車（小型二輪）とされています。

4　道路交通法における自動車と原動機付自転車の区別

道路交通法上の自動車の定義は、道路交通法2条1項9号に規定があります。

「自動車」とは、原動機を用い、かつ、レール又は架線によらないで運転する車又は特定自動運行を行う車であって、原動機付自転車、軽車両、移動用小型車、身体障害者用の車及び遠隔操作型小型車並びに歩行補助車等以外のものをいう、とされています。

次に道路交通法上の原動機付自転車の定義を見ていきましょう。道路交通法2条1項10号に規定があります。

「原動機付自転車」とは、原動機を用い、かつ、レール又は架線によらないで運転する車であって、軽車両、移動用小型車、身体障害者用の車、遠隔操作型小型車及び歩行補助車等以外のものをいうとし、別途定める内閣府令で、総排気量又は定格出力が定められています。

5　道路交通法施行規則における原動機付自転車の種別等

内閣府令である道路交通法施行規則では、原動機付自転車の範囲及び種別を定めています。

同施行規則1条の2及び1条の3では、定格出力を有する原動機付自転

車のうち、定格出力が0.60kW以下の二輪は基本的には一般原動機付自転車であり、一定の車体の大きさや構造を満たすものを特定小型原動機付自転車と定められています。

特定小型原動機付自転車については、設問10で詳述します。

なお、現在、2025年11月から始まる排ガス規制の関係で、道路交通法における原動機付自転車に関する基準等につき、最高出力を総排気量50ccの原動機相当（4.0kW）に制限した新基準原付に関する見直しがされています（警察庁「二輪車車両区分見直しに関する有識者検討会報告書」（令和5年12月））。

6　道路交通法施行規則における二輪の自動車の種別等

道路交通法では、道路運送車両法とは異なり、現行法では、定格出力が0.60kWを超えると原動機付自転車ではなく、二輪の自動車になります。

道路交通法の二輪の自動車は、道路交通法施行規則2条の表に規定のとおり、20.00kWを超えるものは、基本的には大型自動二輪車となり、大型自動二輪車以外の0.60kWを超えて20.00kW以下の二輪は、基本的には普通自動二輪車とされています。

なお、運転免許の関係では、0.60kWを超えて1.00kW以下の普通自動二輪車を、特に小型二輪車と呼んでいます。

7　道路運送車両法と道路交通法の車両区分の違い

上記のとおり、道路運送車両法と道路交通法では、0.60kW以下の二輪では、いずれも原動機付自転車という大枠の共通点があるだけで、その他、車両区分をする際の定格出力や名称などには違いがあり、道路運送車両法と道路交通法のどちらの車両区分の話をしているのか、確認をする必要があります。

道路運送車両法と道路交通法の二輪の車両区分

<道路運送車両法>

定格出力		車両区分
0.60kW以下	原動機付自転車	第一種原動機付自転車（車両則1②）
0.60kW超～1.00kW以下		第二種原動機付自転車（車両則1②）
1.00kW超～	自動車	二輪の軽自動車（軽二輪）：道路運送車両法による分類なし、1.00kW超は定格出力による分類なし、大きさのみ、長さ2.50m以下、幅1.30m以下、高さ2.00m以下（車両則2・別表第1）
		二輪の小型自動車（小型二輪）：軽二輪以外（車両則2・別表第1）

<道路交通法>

定格出力		車両区分
0.60kW以下	原動機付自転車	一般原動機付自転車（道交2①十イ、道交則1の2） 特定小型原動機付自転車（道交2①十ロ、道交則1の2の2） なお、歩道走行が可能な機種は、特例特定小型原動機付自転車という。
0.60kW超～1.00kW以下	自動車	普通自動二輪車（道交則2の表）
1.00kW超～20.00kW以下		大型自動二輪車等以外の二輪の自動車 なお、0.60kW超～1.00kW以下の普通自動二輪車等を小型二輪車という。
20.00kW超～		大型自動二輪車（道交則2の表）

8　マイクロモビリティの道路運送車両法と道路交通法上の分類は

Q マイクロモビリティの道路運送車両法と道路交通法上の分類はどのようなものでしょうか。

A マイクロモビリティは、定格出力や大きさにより、道路運送車両法上は、第一種原動機付自転車、第二種原動機付自転車、二輪の軽自動車や二輪の小型自動車に該当します。

　道路交通法上では、定格出力等により、一般原動機付自転車、特定小型原動機付自転車、普通自動二輪車、大型自動二輪車に該当します。

解説

1　マイクロモビリティの道路運送車両法上の車両区分

　マイクロモビリティは、原動機である電動式モーターの定格出力が0.60kW以下は第一種原動機付自転車となります。

　0.60kWを超え1.00kW以下であれば第二種原動機付自転車に該当します。

　1.00kWを超えると大きさにより、二輪の軽自動車や二輪の小型自動車となり、道路運送車両法2条2項により「自動車」の区分となります。

　国土交通省によると、マイクロモビリティは、おおむね、道路運送車両法上の原動機付自転車に該当するとされています。

2 マイクロモビリティの道路交通法上の車両区分

　マイクロモビリティは、原動機である電動式モーターの定格出力が0.60kW以下の場合には、道路交通法上、原動機付自転車に該当します。0.60kWを超え20.00kW以下は、普通自動二輪車となり、20.00kWを超えると、大型自動二輪車となります。

　このように、通常のマイクロモビリティは、道路交通法上、特定小型原動機付自転車若しくは一般原動機付自転車、普通自動二輪車、大型自動二輪車のいずれかに該当します。

　特定小型原動機付自転車に該当する場合には、道路交通法上、一般原動機付自転車よりも交通ルールが緩和されています。この点に関しては、設問11を参照してください。

　特定小型原動機付自転車に該当しないマイクロモビリティは、原則どおり、一般原動機付自転車、普通自動二輪車、大型自動二輪車としての交通ルールを順守する必要があります。

9 マイクロモビリティのナンバープレート、車検、税金は

Q マイクロモビリティのナンバープレート、車検、税金はどうなっているのでしょうか。

道路を運行する予定のないマイクロモビリティでもナンバープレートの交付を受けたり、税金を払わなければならないのでしょうか。

A 二輪の車両のナンバープレート、車検、税金に関しては、基本的に道路運送車両法上の車両区分により違いがあります。道路を運行する予定のないマイクロモビリティでもナンバープレートの交付を受けたり、税金を払わなければならないことがあります。

解説

1 車両の登録、車検、税金

二輪の車両の登録、車検、税金に関しては、基本的に道路運送車両法上の車両区分により違いがあります。二輪の保有者は、地方税法442条、443条により、軽自動車等の種別、用途、総排気量、定格出力その他の諸元の区分に応じ、軽自動車等に対して課される軽自動車税種別割を納付する必要があります。

車両の登録を、市区町村で行うのか、運輸局で行うのか、車検の対象か、どのような税金が発生し得るのか検討していきます。

2 原動機付自転車の場合

原動機付自転車の所有者等（保有者）は、軽自動車税を納めるべき

主たる定置場の市区町村へ原動機付自転車番号標の交付申請を行わなければなりません。

　軽自動車税は、現時点で、定格出力が0.60kW以下の第一種原動機付自転車は2,000円で、第二種原動機付自転車は、0.80kW以下は2,000円ですが（第二種原動機付自転車（乙）と呼ばれます。）、0.80kWを超え1.00kW以下は、2,400円とされています（第二種原動機付自転車（甲）と呼ばれます。）（地税463の15）。

　原動機付自転車のナンバープレートは、原動機付自転車番号標と呼ばれます。原動機付自転車のナンバープレートは課税標識であって、保安基準に適合した構造や保安装置が備わっているか、道路の走行が可能かどうかを表すものではありません。

　ナンバープレートは基本的に長方形若しくは台形で、色は、第一種原動機付自転車は白色であり、第二種原動機付自転車は定格出力により異なり、0.80kW以下の第二種原動機付自転車（乙）が黄色、0.80kWを超え1.00kW以下の第二種原動機付自転車（甲）がピンク色となっており、ご当地ナンバーもほぼこの色に準じています。

　原動機付自転車は、自動車ではないため車検が不要で、新車購入時にも自動車重量税はかかりません。

3　二輪の軽自動車、二輪の小型自動車の場合

　二輪の軽自動車と二輪の小型自動車については、ナンバープレートである車両番号標は運輸局に届出の上、取得して表示する義務があります。ナンバープレートは長方形で、色は、二輪の軽自動車は白色で緑字、二輪の小型自動車は白地で緑枠が付いています。ご当地ナンバーもほぼこの色に準じています。

　二輪の軽自動車と二輪の小型自動車も軽自動車税の対象となります。軽自動車税は、現時点で、二輪の軽自動車税は3,600円で、二輪の小型自動車の軽自動車税は6,000円です（地税463の15）。

二輪の軽自動車は、道路運送車両法上は自動車ですが、検査対象外軽自動車で車検が不要です。自動車重量税は新車登録時しか発生しません。

二輪の小型自動車は、車検が必要であり、自動車重量税が登録年数に応じて必要になります。

4　マイクロモビリティの場合

マイクロモビリティも、道路運送車両法上の原動機付自転車、二輪の軽自動車、二輪の小型自動車の車両区分により、ナンバープレートの交付を受け、税金を支払う必要があります。

地方税法では、軽自動車税の対象となるかにつき、道路を運行するか否かを区別していません。例えば、構内で使用されるフォークリフトや農耕のトラクターなど道路を運行しない車両でも、軽自動車税の申告及び、ナンバープレートの交付を受ける必要があります。マイクロモビリティも道路を運行するか否かを問わず、軽自動車税の対象となり、原動機付自転車に該当する機種であれば、市区町村から軽自動車税の課税標識であるナンバープレートの交付を受けることになります。

5　特定小型原動機付自転車の場合

設問10で詳述しますが、道路交通法上の特定小型原動機付自転車は、定格出力が0.60kW以下のため、道路運送車両法上は、第一種原動機付自転車の区分になります。特定小型原動機付自転車についても、従来の原動機付自転車と同様に軽自動車税種別割が課税され、車両の所有者は、軽自動車税の申告をしてナンバープレートの交付を受けることが必要になります。

地方税法施行規則では、特定小型原動機付自転車の軽自動車税種別割が定められています。特定小型原動機付自転車の軽自動車税種別割

は、現時点では、2,000円です（地税463の15、地税規15の15）。今のところ、道路運送車両法上の区分である第一種原動機付自転車の税率と齟齬はありません。

　もっとも、特定小型原動機付自転車のナンバープレートは、縦、横共に10cmの正方形の小型標識であり、第一種原動機付自転車のナンバープレートの形とは、一見して異なる特徴があります。

マイクロモビリティのナンバープレート・車検・税金

定格出力	車両区分	軽自動車税	ナンバープレート		車検	自動車重量税
0.60kW以下	第一種原動機付自転車	2,000円	長方形若しくは台形	白色	なし	なし
	特定小型原動機付自転車	2,000円	縦、横共に10cmの正方形の小型標識	白色	なし	なし
0.60kW超～0.80kW以下	第二種原動機付自転車（乙）	2,000円	長方形若しくは台形	黄色	なし	なし
0.80kW超～1.00kW以下	第二種原動機付自転車（甲）	2,400円	長方形若しくは台形	ピンク色	なし	なし
1.00kW超～	二輪の軽自動車（軽二輪）	3,600円	長方形	白色で緑字	なし	新車登録時のみ
	二輪の小型自動車（小型二輪）	6,000円	長方形	白地で緑枠	必要	登録年数に応じて必要

コラム4

○二輪で他人のために有償で貨物を運送するためには

　二輪で他人のために有償で貨物を運送するためには、ナンバープレートを事業用にする手続をしなければならないのでしょうか。

　二輪の軽自動車と二輪の小型自動車は、いずれも道路運送車両法上の自動車であり、道路運送事業について定めている道路運送法及び貨物自動車運送事業法における自動車であって、他人のために有償で貨物を運送する場合には、貨物軽自動車運送事業に当たり、原則的には自家用では他人のために有償で貨物を運送することはできず、最寄りの運輸局で事業用のナンバーを取得する手続をしなければなりません（道運78柱書、貨物自動車運送事業法2④・36①）。二輪の軽自動車は白色で緑字、二輪の小型自動車は白地で緑枠ですが、事業用のナンバープレートは色が反転し緑色になります。

　第一種及び第二種原動機付自転車は、道路運送法及び貨物自動車運送事業法における自動車ではないため、道路運送車両法の適用がありません。つまり、原動機付自転車には事業用のナンバーは存在しないのです。ちなみに自転車においても特に規制はされていません。

10 特定小型原動機付自転車とは

道路交通法の改正により、特定小型原動機付自転車という車両区分ができたと聞きました。

交通ルールも気になりますが、まずは、どのような機種が特定小型原動機付自転車に該当するのか知りたいです。

電動キックボード以外にも、特定小型原動機付自転車になる機種もあるのでしょうか。

また、特例特定小型原動機付自転車という区分もあるようですが、どのようなものでしょうか。

道路交通法の改正により2023年7月1日から原動機付自転車の区分の中に一般原動機付自転車と特定小型原動機付自転車の区分が設けられました。

特定小型原動機付自転車に該当する機種は、道路交通法で要件が決まっています。また、道路を走行するためには、特定小型原動機付自転車の道路運送車両法上の保安基準を満たす必要があります。

特定小型原動機付自転車の該当機種には、電動キックボード以外にも、ペダル付原動機付自転車、バイク型の特定小型原動機付自転車もあります。

特例特定小型原動機付自転車とは、特定小型原動機付自転車の中でも、道路標識等で定めがあれば歩道を通行することができるもので、要件が決まっています。

第2章　マイクロモビリティの道路運送車両法と
　　　　道路交通法上の位置付け　　　　　　　　　43

$\boxed{\text{解 説}}$

1　一般原動機付自転車と特定小型原動機付自転車

　道路交通法の改正により2023年7月1日から原動機付自転車の区分の中に一般原動機付自転車と特定小型原動機付自転車の区分が設けられました。

　道路交通法2条1項10号では、特定小型原動機付自転車以外のものを一般原動機付自転車としています。

　特定小型原動機付自転車に該当する要件は、次の全ての要件を満たす必要があります。

$\boxed{\text{特定小型原動機付自転車に該当する要件}}$

・車体の大きさは、長さ190cm及び幅60cmを超えないこと。
・車体の構造は、原動機として、定格出力が0.60kW以下の電動機を用いること。
・20km/hを超える速度を出すことができないこと。
・構造上出すことができる最高の速度を複数設定することができるものは、走行中に当該最高の速度の設定を変更することができないこと。
・オートマチック・トランスミッションその他のクラッチの操作を要しない機構（AT機構）がとられていること。
・道路運送車両の保安基準66条の17に規定する最高速度表示灯が備えられていること。

2　特定小型原動機付自転車の保安基準

　道路を運行するためには、自動車や原動機付自転車は、道路運送車両法上の保安基準に適合した構造や保安装置を備えていなければなりません（設問15参照）。

　特定小型原動機付自転車では、前照灯、尾灯、制動装置など以下の箇所の保安基準が定められており、保安基準の適合がなければ、道路

を運行することはできません。

なお、一般原動機付自転車は、道路運送車両の保安基準65条で後写鏡（バックミラー）の設置が義務付けられていますが、特定小型原動機付自転車には設置が義務付けられていません。

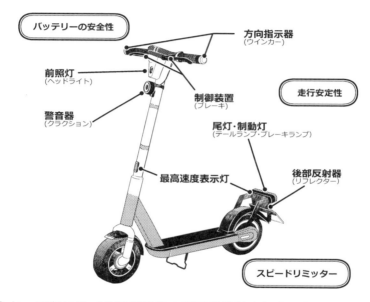

なお、下記に述べる特例特定小型原動機付自転車でなければ、歩道を走行することが予定されていないため、歩道を6km/h以下で走行することや点滅機能は不要です。

3 特定小型原動機付自転車の保安基準の適合性の確認方法

特定小型原動機付自転車の保安基準の適合性の確認方法については、設問15で詳述します。

4 特定小型原動機付自転車の機種

特定小型原動機付自転車には、電動キックボード以外にも、ペダル付原動機付自転車、バイク型の特定小型原動機付自転車もあります。

5 特例特定小型原動機付自転車

　特例特定小型原動機付自転車とは、特定小型原動機付自転車の中でも、道路標識等により走行が可能な歩道を通行することができる機種です。

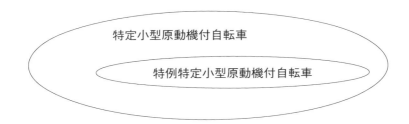

　特定小型原動機付自転車の全てが歩道走行可能な特例特定小型原動機付自転車というわけではありませんので、注意が必要です。

　特例特定小型原動機付自転車は、以下の要件を満たす必要があります（道交17の2、道交則5の6の2）。

特例特定小型原動機付自転車に該当する要件

- 歩道等を通行する間、当該特定小型原動機付自転車が歩道等を通行できると、道路運送車両の保安基準に適合する最高速度表示灯を点滅させることにより表示する方法により表示していること。
- 最高速度表示灯の点滅表示をしている場合、車体の構造上、歩道等における歩行者の通行を妨げるおそれのない速度として定められた6km/hの速度を超える速度を出すことができないものであること。
- 車体の構造が歩道等における歩行者の通行を妨げるおそれのないものとして、側車を付していないこと、制動装置が走行中容易に操作できる位置にあること、歩行者に危害を及ぼすおそれがある鋭利な突出部がないこと。

特例特定小型原動機付自転車の歩道走行について、6km/hの速度制限となったのは、道路交通法を改正する際に、外国の制度も参考としつつ、日本の実情に応じた交通ルールを定める中で従前の道路交通法において原動機を用いて自走するものでも性能上の最高速度が6km/hの速度以下の基準を満たす身体障害者用の電動車椅子については、歩道を通行することができるとされていることから（道交則1の5）、特例特定小型原動機付自転車についても、この速度要件を満たすものについて、歩道を通行することができることにした経緯があります（令4・4・15第208回国会　衆議院内閣委員会会議録19）。

　もっとも、マイクロモビリティの原動機の動力は、電動式モーターのため、音が静かです。歩道走行をしている場合に、音があまりしないため、歩行者が特例特定小型原動機付自転車が走行していることに気が付かない可能性があります。

　マイクロモビリティが歩道上の対向にいるなど歩行者の視界に入っている場合には、特例特定小型原動機付自転車の点滅表示も見えるでしょう。しかし、歩行者と同一方向での走行や側道からの出合頭などは、歩行者が特例特定小型原動機付自転車の存在に気が付かず、思わぬ事故につながりかねません。

　歩道走行時には、歩行者が存在を認識しやすいように、例えば、ピコピコ音がするような仕組みなどができないものか、今後の課題といえるでしょう。

マイクロモビリティの道路交通法上の種別

一般原動機付自転車	原動機を用い、かつ、レール又は架線によらないで運転する車であって、軽車両、移動用小型車、身体障害者用の車、遠隔操作型小型車及び歩行補助車等	道交2①十イ

	以外のもので、内閣府令で定める大きさ以下の総排気量又は定格出力を有する原動機を用いる車（特定小型原動機付自転車に該当するものを除く。）		
	（一般原動機付自転車の総排気量等） 法2条1項10号イの内閣府令で定める大きさは、二輪のもの及び内閣総理大臣が指定する三輪以上のものにあっては、総排気量については0.050ℓ、定格出力については0.60kWとする。	道交則 1の2	
特定小型 原動機付 自転車	原動機を用い、かつ、レール又は架線によらないで運転する車であって、軽車両、移動用小型車、身体障害者用の車、遠隔操作型小型車及び歩行補助車等以外のもので、車体の大きさ及び構造が自転車道における他の車両の通行を妨げるおそれのないものであり、かつ、その運転に関し高い技能を要しないものである車として内閣府令で定める基準に該当するもの	道交2 ①十ロ	
	（特定小型原動機付自転車の大きさ等） 法2条1項10号ロの内閣府令で定める基準は、次の各号に掲げるとおりとする。 1　車体の大きさは、次に掲げる長さ及び幅を超えないこと。 　イ　長さ　190cm 　ロ　幅　60cm 2　車体の構造は、次に掲げるものであること。 　イ　原動機として、定格出力が0.60kW以下の電動機を用いること。 　ロ　20km/hを超える速度を出すことができないこと。	道交則 1の2の 2	

ハ　構造上出すことができる最高の速度を複数設
　　　定することができるものにあっては、走行中に
　　　当該最高の速度の設定を変更することができな
　　　いこと。
　　ニ　オートマチック・トランスミッションその他
　　　のクラッチの操作を要しない機構（AT機構）
　　　がとられていること。
　　ホ　道路運送車両の保安基準66条の17に規定する
　　　最高速度表示灯が備えられていること。

> 特例特定小型原動機付自転車（歩道走行との関
> 係)
> 1　歩道等を通行する間、当該特定小型原動機
> 　付自転車が歩道等を通行することができるも
> 　のであると、道路運送車両の保安基準に適合
> 　する最高速度表示灯を点滅させることにより
> 　表示する方法により表示していること。
> 2　最高速度表示灯の点滅表示をしている場合、
> 　車体の構造上、歩道等における歩行者の通行
> 　を妨げるおそれのない速度として定められた
> 　6km/hの速度を超える速度を出すことができ
> 　ないものであること。
> 3　車体の構造が歩道等における歩行者の通行
> 　を妨げるおそれのないものとして、側車を付
> 　していないこと、制動装置が走行中容易に操
> 　作できる位置にあること、歩行者に危害を及
> 　ぼすおそれがある鋭利な突出部がないこと。
> 　（道交17の2、道交則5の6の2）

| 普通自動二輪車 | 二輪の自動車（側車付きのものを含む。）で、大型特殊自動車、大型自動二輪車及び小型特殊自動車以外のもの | 道交則2の表 |

	小型二輪車（免許との関係） 総排気量については0.125ℓ以下、定格出力については1.00kW以下の原動機を有する普通自動二輪車 （道交則24）	
大型自動二輪車	総排気量が0.400ℓを超え、又は定格出力が20.00kWを超える原動機を有する二輪の自動車（側車付きのものを含む。）で、大型特殊自動車及び小型特殊自動車以外のもの	道交則2の表

コラム5

○バイク型特定小型原動機付自転車

　電動キックボードに椅子が付いている機種もありますが、ペダル付原動機付自転車に似ているものの、漕ぐペダルが付いていないバイク型の特定小型原動機付自転車も登場し始めています。

　椅子に乗ることで重心が下がり、ある程度安定することから、電動キックボードに代わるマイクロモビリティとして注目されているようです。

　バイク型でも、特例特定小型原動機付自転車として要件が満たされれば、道路交通法上は、歩道走行もできることになります。

11　マイクロモビリティの道路交通法上のルールは

　マイクロモビリティの道路交通法上の交通ルールはどうなっているのでしょうか。

　私は、2023年7月に道路交通法が改正される前から電動キックボードを使用しているのですが、歩道走行ができるようになったのですか。ヘルメットも不要になったのでしょうか。

　免許不要になったのであれば、私の子どもは12歳ですが、電動キックボードに乗れますか。

　マイクロモビリティは、道路交通法の車両区分に従って交通ルールを守る必要があります。

　2023年7月に道路交通法が改正され、特定小型原動機付自転車や特例特定小型原動機付自転車の区分ができましたが、当該車両区分の要件を満たさない二輪は、従前どおり、一般原動機付自転車か普通自動二輪車若しくは大型自動二輪車としての交通ルールが適用されます。

　特定小型原動機付自転車は、いくつかの交通ルールが緩和されており、ヘルメットをかぶるのも努力義務、免許不要となりましたが、16歳以上でなければ乗ることはできません。12歳の子どもでは、いずれにしても乗れないことになります。

　特例特定小型原動機付自転車でなければ、歩道走行はできませんし、歩道走行をするモードに切替えが必要で、歩道走行ができる道路は、あくまで、普通自転車等及び歩行者等専用の道路標識等が設置されている歩道に限られます。

　なお、ペダル付原動機付自転車の中には、道路交通法上の車両区分を変更できる車種があり、人力モードでは、普通自転車に当たる場合があります。

52　　　第2章　マイクロモビリティの道路運送車両法と
　　　　　　　道路交通法上の位置付け

解　説

1　マイクロモビリティの道路交通法の交通ルール

　マイクロモビリティは、道路交通法の車両区分に従って交通ルールを守る必要があります。

　すなわち、一般原動機付自転車、特定小型原動機付自転車、特例特定小型原動機付自転車、普通自動二輪車、大型自動二輪車の区分に従って、道路交通法の交通ルールが適用されます。

　まずは、道路交通法上のどの車両区分に該当する車両なのか、**設問7**の表や**設問10**も参照して確認しましょう。

　道路交通法における交通ルールは、違反した場合に行政罰や刑罰の対象となるだけでなく、民事上は運転者が守るべき注意義務を基礎付けるものとなり過失相殺との関係で問題となります。本設問では道路交通法の一般的な内容を概説します。具体的な事故態様に応じ第4章の過失相殺の部分で更に説明していますので参考にしてください。

2　一般原動機付自転車、普通自動二輪車、大型自動二輪車の交通ルール

　一般原動機付自転車や普通自動二輪車、大型自動二輪車に該当する機種を運転するには、道路交通法の車両区分に応じた免許が必要です。16歳未満の者は運転免許が取れませんので、結果的に、16歳未満の者が運転することは禁止されていることになります。

　また、道路交通法上の車両区分に応じた通行方法をとる必要があり、ヘルメットも装着する義務があります。

　一般原動機付自転車や普通自動二輪車、大型自動二輪車に関して、その他の従前からの交通ルールについては、多岐にわたりますので、道路交通法に関する書籍や、警視庁などのHPを確認してください。

3 特定小型原動機付自転車の交通ルール

　特定小型原動機付自転車は、運転免許は不要ですが、16歳未満の者が運転することは禁止されています。

　特定小型原動機付自転車も、ヘルメットは、普通自転車と同様に装着の努力義務があります。一般原動機付自転車と異なり、ヘルメットの装着は努力義務だとしても、交通事故で頭部外傷や頚髄損傷を受傷した場合には、生死に関わり、かつ重い後遺障害を負うことになりかねません。ヘルメットの装着をせず損害拡大につながったような場合には、被害者側の過失になり得ると考えられます（設問42参照）。

　車両通行止めや車両進入禁止、一方通行など、道路標識や補助標識等によりその通行を禁止、方向や時間帯が制限されている道路又はその部分の通行はできません。ただし、車両進入禁止等の標識があっても補助標識で、普通自転車を除くとなっている道路は、普通自転車と同様、特定小型原動機付自転車も通行することができます。

　特定小型原動機付自転車は、歩道又は路側帯と車道の区別がある道路では、車道を通行します。原則として車両の信号に従う義務があります。歩行者用信号機に「歩行者・自転車専用」の標示がある場合は、歩行者用信号機に従わなければなりません。なお、歩行者用信号機に従わなければならないからといって、横断歩道上を通行できるというわけではありません。道路では左側を通行する義務があり、車両通行帯のない道路では左側端に寄った通行が必要です。

　車両通行帯の設けられた道路においては、原則として一番左側の車両通行帯（第一車線）の通行が必要です。

　特定小型原動機付自転車は、自転車専用の自転車道も通行することができます（設問38参照）。特定小型原動機付自転車はあくまで車両であり、横断する歩行者がいる場合には歩行者を優先し、停止線前で一時停止する義務があります。

54　　　第2章　マイクロモビリティの道路運送車両法と
　　　　　　　道路交通法上の位置付け

　なお、一般原動機付自転車では、道路交通法34条5項により車両通行帯が3以上設けられている道路（多通行帯道路）では、基本的に、二段階右折（あらかじめその前からできる限り道路の左側端に寄り、かつ、交差点の側端に沿って徐行）しなければなりませんが、これに対し、特定小型原動機付自転車では、同条3項により、全ての交差点につき二段階右折が必要とされているのが特徴です。

　特定小型原動機付自転車では、2人乗りも禁止されています。また、スマートフォンの通話、画像表示用装置を注視して運転することも禁止されています。

4　特例特定小型原動機付自転車の交通ルール

　特定小型原動機付自転車のうち、特例特定小型原動機付自転車であれば、歩道走行モード（最高速度表示灯の点滅表示、6km/hの速度を超える速度を出すことができない）で、歩道走行は可能ですが、通行することができる歩道は、全ての歩道ではありません。普通自転車等及び歩行者等専用の道路標識等が設置されている歩道に限られます。

　特例特定小型原動機付自転車は、道路の左側に設けられた路側帯（路側帯のうち歩行者用路側帯を除きます。）を通行できます。歩道を通行する場合は、歩道の中央から車道寄りの部分又は普通自転車通行指定部分を通行する義務があります。

　特例特定小型原動機付自転車が路側帯通行する場合や歩道通行をする場合であっても、歩行者優先であり、歩行者の通行を妨げるときには一時停止が必要です。

5　一般的なペダル付原動機付自転車の交通ルール

　一般的なペダル付原動機付自転車は、原動機を作動させず、ペダルを用いて人の力によって走行できますが、ペダル漕ぎで走行する場合

も、車体の構造が原動機付自転車から普通自転車に切り替わらず、属性が変化していないことから、道路交通法上の原動機付自転車に当たると解されています（平17・3・24警察庁丁交企発94等）。

歩道走行の要件を満たさないまま、見た目はペダルが付いているからといって、歩道を走行してしまうと、原動機付自転車が歩道走行をすることになり、通行区分違反となります（道交17①）。

6　モード変更可能なペダル付原動機付自転車の交通ルール

ペダル付原動機付自転車の中には、原動機の力及びペダルを用いた人の力を用いて運転する構造（EVモード）から、原動機の力を用いずペダル漕ぎのみで運転する構造（人力モード）に切り替えることができるもの（モード変更可能なペダル付原動機付自転車）があります。モード変更可能なペダル付原動機付自転車は、道路交通法上、構造の切替えに応じてEVモードであれば原動機付自転車、人力モードであれば普通自転車として取扱いがなされます（令3・6・28警察庁丁交企発270・丁交指発60）。

なお、モード変更可能なペダル付原動機付自転車でも、EVモードで、歩道で走行してしまうと、原動機付自転車が歩道走行をすることになり、通行区分違反となります（道交17①）。

56 第2章 マイクロモビリティの道路運送車両法と
道路交通法上の位置付け

12 道路運送車両法、道路交通法、自賠法上の道路とは

Q マイクロモビリティを購入するときに、公道は走れないとか、私有地での使用をしてください等の注意書きがあります。

このような機種では、私道や駐車場で、道路運送車両法や道路交通法上問題なく乗れるのでしょうか。

A 道路運送車両法も道路交通法も、「道路」の定義として、道路法に規定する道路等のほか、一般交通の用に供する場所を掲げており、車道、歩道だけでなく、たとえ、私有地であっても、不特定の人や車が自由に通行できる状態になっている場所の場合には、一般交通の用に供する場所として「道路」であると解されています。

例えば、コンビニエンスストアの駐車場等でも、一般交通の用に供する場所として「道路」と判断されている裁判例があります。

マイクロモビリティの購入の際に「公道走行不能」等と記載のある機種は、「道路」に該当する一般交通の用に供する場所では、乗ることができないので注意が必要です。

解 説

1 道路運送車両法、道路交通法上の「道路」とは

道路運送車両法では、道路を「道路法による道路、道路運送法による自動車道及びその他の一般交通の用に供する場所をいう」と定義しています（車両2⑥）。

道路交通法では、道路を「道路法2条1項に規定する道路、道路運送法2条8項に規定する自動車道及び一般交通の用に供するその他の場所をいう」と定義しています（道交2①一）。

　道路交通法の「道路」と道路運送車両法上の「道路」は、表現は微妙に違いますが、同義と解されます。

　自賠法における「道路」も、道路法による道路、道路運送法による自動車道及びその他の一般交通の用に供する場所をいうとされており（自賠10）、同義と解されています。

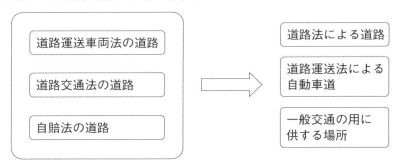

2　道路法の「道路」と、道路運送法の「自動車道」

　道路法に規定する「道路」は、高速自動車国道、一般国道、都道府県道、市町村道です（道路2・3）。

　道路運送法の「自動車道」は、専ら自動車の交通の用に供することを目的として設けられた道で道路法による道路以外のものとされています（道運2⑧）。

3　「一般交通の用に供する場所」とは

　道路運送車両法、道路交通法、自賠法も、「道路」の定義として、道路法に規定する道路等のほか、「一般交通の用に供する場所」を掲げています。

つまり「公道」とはなっていないのが重要です。「車道」とも限定していません。

裁判例では、道路交通法の「一般交通の用に供する場所とは、それが一般公衆に対し無条件で開放されていることは必ずしもこれを要しないとしても、道路交通法1条の道路における危険を防止し、交通の安全と円滑を図るという目的に照らし、現に一般公衆および車両等の交通の用に供されているとみられる客観的状況のある場所であって、しかもその通行することについて、通行者がいちいちその都度管理者の許可などを受ける必要のない場所をいうものと解するのが相当である」（仙台高判昭38・12・23判タ161・104）とされたり、また、「たとえ、私有地であっても、不特定の人や車が自由に通行できる状態になっている場所は、同法上の道路である」とされています（最判昭44・7・11判時562・80）。

このように、判例等によれば、車道、歩道に加えて、私有地であっても不特定多数の人が行き来する通路（前掲最判昭44・7・11）、コンビニエンスストアの駐車場や（東京高判平13・6・12判時1770・160）、不特定多数の人や車両が自由に通行している駐車場の中央部分であっても（大阪高判平14・10・23判タ1121・261）、個別の事情により、一般交通の用に供する場所として「道路」と判断されています。

道路か否か争われた裁判例については、**設問16**で詳説しています。

4　「道路」で乗れる機種か否かの認識

マイクロモビリティの取引市場では、「道路」ではなく、「公道」は乗れないという言葉で紹介されているケースが多く見受けられます。消費者の誤解を招きそうな表記ですが、この点に関して特に規制はなされておらず、今後の課題であり、消費者は当該機種が「道路」で乗れるか否かの認識をすることが重要です。

第2章　マイクロモビリティの道路運送車両法と
　　　　道路交通法上の位置付け

　まとめますと、マイクロモビリティの購入の際に「公道走行不能」
等と記載のある機種は、一般交通の用に供する場所であれば、道路運
送車両法や道路交通法に違反して乗れないので注意が必要です。ま
た、自賠法との関係も問題になりますので、注意してください（これ
らの点に関しては、**設問14〜16参照**）。

5　道路以外での使用を禁止している場所

　なお、「道路」に該当せずとも、私有地、施設内、公園でも、自転車
やマイクロモビリティの使用を禁止している場所がありますので、使
用上の注意を確認するなど、注意が必要です。

第 3 章

マイクロモビリティに関する
責任、保険、トラブル

62

第3章　マイクロモビリティに関する責任、保険、トラブル　　63

13　マイクロモビリティは自賠法の対象になるか

Q　電動キックボードなどのマイクロモビリティは、自賠法の対象になるのでしょうか。

A　マイクロモビリティは、道路運送車両法上の「自動車」、「原動機付自転車」に該当しますので、自賠法2条における「自動車」となり、自賠法の対象となります。

解　説

1　自賠法の対象となる自動車

　自賠法の対象となる車両というのはどのようなものでしょうか。この点、自賠法の対象となる「自動車」の定義は、自賠法2条で定められています。

　自賠法2条によれば「この法律で「自動車」とは、道路運送車両法2条2項に規定する自動車（農耕作業の用に供することを目的として製作した小型特殊自動車を除く。）及び同条3項に規定する原動機付自転車をいう」と定められています。

2　自賠法の対象となるか否かは、道路運送車両法上の区分

　このように、自賠法の対象となる自動車か否かは、道路交通法上の分類ではなく、道路運送車両法上の自動車若しくは原動機付自転車に該当するか否かが問題となります。

　マイクロモビリティは、農耕作業の用に供することを目的として製作した小型特殊自動車とは異なり、使用目的も限定されていません。例えば、道路の運行を予定していないマイクロモビリティ、玩具とし

64　第3章　マイクロモビリティに関する責任、保険、トラブル

て売られているマイクロモビリティも自賠法の対象になります。

　また、電動アシスト自転車として売られているが実際にはアシスト比率等の要件を満たさないペダル付電動自転車も、道路運送車両法上の自動車若しくは原動機付自転車に該当するため、自賠法の対象となります。なお、電動アシスト自転車は、道路交通法の軽車両には該当しますが、道路運送車両法上では車両でもないため自賠法の対象とはなりません。

　以上のとおり、マイクロモビリティは、自賠法における「自動車」に該当しますから、自賠法の対象となり、自賠法3条の運行供用者責任が発生します。そして、当該マイクロモビリティが自賠法10条の除外事由に該当しない限りは、自賠法5条により自賠責保険の強制加入の対象となります。

　なお、設問14、コラム6で詳述しますが、自賠法10条では、自賠責保険の強制加入の5条は適用除外と定めるものの、運行供用者責任を規定する自賠法3条については適用除外としていませんから、自賠法5条の強制加入の対象になっているか否かは自賠法3条の運行供用者責任の有無と連動しません。

3　ナンバープレートに貼られる標章

　二輪の小型自動車は車検があるため、車検の際に自賠責保険の更新がなされる蓋然性は、他の機種に比べればある程度あると思われます（設問9参照）。二輪の小型自動車は、車検を受けると自動車検査証の有効期間の満了する年月が表示された検査標章が交付され、ナンバープレートの左上に貼らなければなりません。

　原動機付自転車及び検査対象外軽自動車である二輪の軽自動車に該当するマイクロモビリティは、車検が不要なため、自賠責保険を更新しないまま満期を渡過する可能性があります。

第3章 マイクロモビリティに関する責任、保険、トラブル

　車検のない原動機付自転車及び二輪の軽自動車は、自賠責保険に入っていることを示す保険標章であるステッカーを、ナンバープレートの見やすい場所に貼って表示しなければ、運行の用に供してはならないとされています（自賠9の3、自賠則1の5・第1号様式の2）。

　自賠責標章では、上部に満期の和暦、下部に満期の月が書かれています。自賠責保険に加入しているか否かは、ナンバープレートを見ると把握できる可能性があります。

（自賠則1の5・第1号様式の2）

コラム6

○構内自動車等の自賠責保険は

　構内自動車は、自賠法10条により、自賠責保険の強制加入の5条の適用除外と定め、自賠責保険に強制的に加入する義務はありません。

　しかし、自賠法10条は、運行供用者責任を規定する自賠法3条は適用除外としていないため、強制加入の対象にはならない適用除外車でも、運行に起因する交通事故を起こした場合には、自賠法3条の運行供用者責任が発生し、不法行為に基づく損害賠償債務が発生します。

　構内自動車等の所有使用管理につき、自動車保険や施設賠償責任保険、事業用の保険など任意保険に加入をしていて当該損害保険の対象になる場合でも、自賠責保険に入っていない場合には、自賠責保険に代わる特約等がない限りは、自賠責保険によって支払われる額を差し引いて保険金が支払われる算定方法がとられます。その場合には、自賠責保険で支払われる額に関しては、責任を負う者が自分で支払うことになったり、労災保険の適用があればその分賄われることもありますが慰謝料分は賄うことができません。

　そこで、構内自動車等が道路での運行を予定していない場合でも、自賠責保険に任意に加入しておくことも考えらえます。

　道路での使用を予定していないマイクロモビリティにおいても同じことがいえ、強制加入対象外の機種でも、自賠責保険に加入することを検討する必要はあると思われます。

　なお、構内自動車等がナンバープレートの交付を受けていない場合には、車台番号により特定されて自賠責保険に加入することになります。

第3章　マイクロモビリティに関する責任、保険、トラブル　　67

14　保安装置が不十分なマイクロモビリティは自賠法3条の運行供用者責任の対象になるか

Q　私にぶつかってきた電動キックボードは任意保険に加入しておらず、電動キックボードに乗っていた運転者Aには資力がありません。

運転者Aに電動キックボードを貸していた所有者Bは「電動キックボードも形式的に原動機付自転車に当たることは、否定できない。」「だが、保安基準や安全装置もついておらず、おもちゃなのだから、自賠法3条の運行供用者責任は負わない」と主張しています。

保安基準や安全装置が不十分なマイクロモビリティでも、自賠法3条の適用を受け、所有者Bには運行供用者責任が生じるのでしょうか。

A　道路運送車両法上の自動車、原動機付自転車に該当すれば、自賠法2条の自動車に該当します。

道路以外の場所のみにおいて運行の用に供する自動車（いわゆる構内自動車）は往々にして保安基準や安全装置が不十分な場合が多いと思われますが、自賠法10条では、運行供用者責任を規定する自賠法3条を適用除外とせず、自賠法5条の強制加入の対象か否かは同法3条の運行供用者責任とは関係がありません。

保安装置が不十分なマイクロモビリティは、自賠責保険に強制加入する機種ではなくても、自賠法3条の責任は免れられず、使用権原が与えられた運転者Aはもとより、所有者Bも運行供用者責任を負うと解されます。

68　第3章　マイクロモビリティに関する責任、保険、トラブル

解　説

1　自賠法10条との関係

　保安基準や安全装置が備わっているマイクロモビリティが、道路運送車両法上の「自動車」、「原動機付自転車」に該当するのであれば、自賠法2条における「自動車」となります。

　それでは、保安基準や安全装置が備わっていないマイクロモビリティでも、自賠法3条の運行供用者責任が生じるのでしょうか。

　道路以外の場所のみにおいて運行の用に供する自動車（いわゆる構内自動車）は往々にして保安基準や安全装置が不十分な場合が多いと思われますが、構内自動車について規定している自賠法10条との関係が問題になります。

　自賠法10条によれば、自賠責保険の強制加入の同法5条、自賠責保険証明書に関する同法7条等については適用除外と定めるものの、運行供用者責任を規定する自賠法3条を適用除外としていないのがポイントです。

自賠法10条で適用除外になる条文

自賠法5条	責任保険又は責任共済の契約の締結強制
自賠法7条	自動車損害賠償責任保険証明書
自賠法8条	自動車損害賠償責任保険証明書の備付
自賠法9条	自動車損害賠償責任保険証明書の提示
自賠法9条の2・9条の3	保険標章
自賠法9条の4・9条の5	自動車損害賠償責任共済証明書及び共済標章

2　保安装置が不十分な場合における自賠法5条との関係

　自賠法5条により自賠責保険に加入する義務が強制されていないのに、自賠法3条の運行供用者責任を負うのでしょうか。この点、自賠法5条との関係が争われた事案があります。

　最高裁昭和48年7月6日判決（裁判集民109・473）は、耐火レンガ原石採取及び販売業者の作業場において作業中であった臨時従業員が、別の従業員の運転する大型特殊自動車であるショベル・ローダーに轢かれて死亡し、同車両の所有者である被告会社に対して自賠法3条の運行供用者責任の有無が争われた事案でした。

　被告会社は、ショベル・ローダーが道路運送車両法3条、同法施行規則2条・別表第1にいう大型特殊自動車に該当するとしても、本件自動車の運転には運転免許は不要であり、かつ、自動車登録も必要でない、税法上は、減価償却資産中の機械設備として取り扱われている、自賠法10条により、自賠法5条の強制保険の適用も除外されていること等からして、本件のごとく、被告会社の作業場内のみにおいて運行されるものは、自賠法3条の適用はないものと解すべきである、と主張しました。

　第一審、控訴審共に自賠法3条の運行供用者責任を認めました。最高裁は、作業所内のみにおいて用いていたものでも、運転に免許は不要であり、自動車登録も必要でなく、税法上減価償却資産中の機械設備として取り扱われていても、自賠法3条の運行供用者責任を肯定しました。

　判例に照らすと、自賠法5条の強制加入の対象か否かは自賠法3条の運行供用者責任とは関係がないことになります。

3　保安装置が不十分なマイクロモビリティの自賠法3条の運行供用者責任

　自賠法10条や自賠法5条との関係や判例を検討しましたが、保安基

準や安全装置が備わっていないマイクロモビリティの場合で、特定小型原動機付自転車のように運転に免許は不要でも、道路での運行を予定しておらず自賠法の強制加入の対象の機種でなくても、形式的に道路運送車両法上の「自動車」や「原動機付自転車」に該当する場合には、自賠法3条の運行供用者責任を負うと解されます。

また、自動車の保安装置が不十分だったからといって、自賠法3条ただし書の免責に該当するものでもありません。

第3章　マイクロモビリティに関する責任、保険、トラブル　　71

コラム7

○自衛隊車両や米軍車両と自賠法3条の運行供用者責任

　自賠法10条に関して、自衛隊車両や米軍車両には自賠法の適用がない？と耳にしたことがあるかもしれません。

　自賠法10条では、いわゆる構内自動車の他に「国その他の政令で定める者が政令で定める業務又は用途のため運行の用に供する自動車」、すなわち、自衛隊車両や米軍車両の任務遂行に必要な業務内の車両の場合には、構内自動車と同様に自賠法10条で強制加入等の適用除外としています（自賠令1の2）。

　もっとも、平成14年3月4日付け第154回国会参議院議長宛の質問主意書に対する内閣総理大臣答弁書第2号では、自衛隊車両や米軍車両が強制加入の適用除外となっている趣旨が説明されており、また、自賠法5条の規定が適用されない自動車事故の場合であっても、被害者は、同法3条の規定により加害者が同条ただし書の証明をしない限り損害賠償を求めることができることが説明されています。このように、自衛隊車両や米軍車両の任務遂行車両も、構内自動車と同様に、自賠責保険の強制加入の有無を問わず、自賠法3条の運行供用者責任は生じると解されています。

　なお、米軍車両の任務遂行車両との交通事故が発生した場合、日米地位協定18条5項及び民事特別法に基づき、被害者の受けた損害は日本国政府が賠償するとされています。

　米軍車両の任務外の車両との交通事故が発生した場合、任意保険で対応される場合もありますが、示談交渉が困難な場合には、日米地位協定18条6項の規定に基づき、米国政府が補償金を支払うとされています（時効は2年）。詳しくは、防衛省のHPにある「損害賠償手続の御案内」をご確認ください。

15 購入した機種が道路で使用できない機種だった場合は

Q 私は、SNSの広告で、歩道も走行できるとうたっていた電動キックボードを購入しました。私が、歩道で乗っているときに、警察官に呼び止められ、「この機種は歩道では乗れないし、そもそも、保安基準が不十分だから道路では乗ってはいけない。」と注意されました。

私は、地元の自治体でナンバープレートの交付を受けてもいるのに、びっくりしてしまいました。

私は、購入した機種が道路で使用できない機種だと知っていれば、購入していませんでした。どうすればよいでしょうか。

A 購入した車両を道路で使用するためには、道路運送車両法上の保安基準に適合した構造や保安装置の備付けが必要です。

保安基準に適合しているかは、販売店の説明書だけでなく、メーカーのHPやカタログを確認したり、製造者等が型式認定番号標を取っているかを確認することができます。また、特定小型原動機付自転車としての保安基準の適合性は、性能等確認制度の公表対象になっているか国土交通省のHPを見ることで確認できます。

メーカーに保安基準に適合するように修繕をしてもらったり是正できる場合もあると思われますが、販売者が道路で走行できると広告で表示していたが、実際には保安基準に適合していない機種を購入してしまったなど、消費者トラブルがあった場合には、意思表示に錯誤等があったとして、売買契約を取り消すことを検討することになります。

第3章 マイクロモビリティに関する責任、保険、トラブル 73

> 解 説

1 道路で使用するための要件

　車両を道路で使用するためには、道路運送車両法上の保安基準に適合した構造や保安装置の備付けが必要です。

　また、自賠責保険に加入する義務があり、保険標章や検査標章を貼ったナンバープレートを備え付けなければなりません。

2 原動機付自転車の保安基準の適合性の確認方法

　保安基準に適合しているかは、メーカーのHPやカタログを確認するだけでなく、原動機付自転車の場合は、製造者等が型式認定番号標を取っているかを確認することも有用です。

3 特定小型原動機付自転車の保安基準の適合性の確認方法

　特定小型原動機付自転車の保安基準の適合性については、原動機付自転車用原動機の製作者等が道路運送車両法施行規則67条に基づき国土交通省に申請することのできる型式認定番号標（緑色）を取っているかを確認することが可能です。

　また、国土交通省では、告示により、特定小型原動機付自転車の保安基準適合性等を確認する制度（性能等確認制度）を設けています（令4・12・23国交告1294）。

　性能等確認制度とは、国土交通省が認定した民間の機関・団体等が、特定小型原動機付自転車のメーカー等からの申請に基づいて、当該特定小型原動機付自転車の保安基準適合性等を確認するものです。

　国土交通省では、性能等確認制度に関するガイドラインや申請に関する手引きを設けており、保安基準適合性等が確認された特定小型原動機付自転車には、製作者等が、車名・型式、認定機関名称、確認番

号等が記載された性能確認済シールを、車体の見やすい箇所で、フレーム等の車体の主要部分等の部品交換による影響を受けない箇所に確実に貼付します。

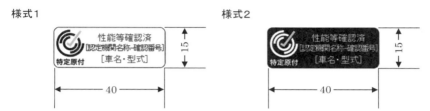

（国土交通省「特定小型原動機付自転車の性能等確認制度に関するガイドライン」（令和4年12月23日）別紙9より抜粋）

認定済みの性能等確認実施機関及び保安基準適合性等が確認された特定小型原動機付自転車の型式は、国土交通省のHP内にリンクで公表されています。

性能等確認制度での公表を見ることにより、当該機種の保安基準の適合性の確認が可能です。なお、既に運行の用に供されている特定小型原動機付自転車（使用過程車）についても、使用過程車用の性能確認済シールがあります。

特定小型原動機付自転車を購入する場合には、性能確認済シールが貼ってあるかを確認するのがよいでしょう。

4　原動機付自転車のナンバープレートは課税標識

設問9でも述べたとおり、特定小型原動機付自転車を含む原動機付自転車のナンバープレートは、課税標識であって、保安基準に適合した構造や保安装置が備わっているか、道路の走行が可能かどうかを表すものではありません。

令和5年4月12日付け総務省自治税務局自動車税制企画室による「特定小型原動機付自転車に係るQA集」によると、地方税法上の特定小

第3章　マイクロモビリティに関する責任、保険、トラブル　　75

型原動機付自転車は、性能等確認済みの表示を受ける義務が課せられているものではないとして、地方税法上の特定小型原動機付自転車としての要件があれば、特定小型原動機付自転車と扱われます。例えば、長さ、幅、定格出力、最高速度までは確認できるが、ブレーキやバックミラーが保安基準に適合するか確認できない場合（個別の保安基準の適合性が未確認）や最高速度表示灯が保安基準に適合するか、AT機構か確認できない場合（道路交通法施行規則の要件が未確認）でも、特定小型原動機付自転車としてのナンバープレートが交付される場合もあり得るとされていることに、注意が必要です。

　このように、特定小型原動機付自転車に縦、横共に10cmの正方形のナンバープレートが付いているからといって、保安基準を満たしていることの証明にはなりません。

5　保安基準を満たさない場合の対応方法

　電動キックボードを含めたマイクロモビリティについては、販売する場合の規制が特に定めがなく、インターネットの通販や家電量販店でも購入可能です。

　独立行政法人国民生活センターが公表する事例でも、道路走行ができない機種にもかかわらずできるかのように表示されていた事例が紹介されており、販売方法に関しては今後の課題です。

　メーカーによる修繕により道路で走行できるように是正できることもあると思われますが、構造や仕様の変更が必要で是正が困難の場合もあると思われます。

　販売者が道路で走行できると広告で表示していたことから、道路で走行できると認識して購入したものの、実際には保安基準に適合していない機種であったというような消費者トラブルがあった場合には、意思表示に錯誤等があったとして、売買契約を取り消すことを検討することになります。

76 第3章 マイクロモビリティに関する責任、保険、トラブル

コラム8

○電動キックボード等備付困難自動車に関する証明書の電磁的取扱い

　自賠法8条では、自賠責保険の保険証明書（自賠証等）の備付義務があり、自賠法85条1項では自賠証等の提示義務が規定されています。

　しかし、電動キックボード等のマイクロモビリティでは、車体の構造上、自賠証等を備え付けることが難しく、運転者がその都度自賠証等を携行する必要があるなど、その他の自動車と比して義務の履行に負担があり、義務違反を誘発しやすい状況にあります。

　そこで、自賠証等の備付義務や提示義務の履行方法について電磁的媒体による方法も可能とするため、自動車損害賠償保障法に係る民間事業者等が行う書面の保存等における情報通信の技術の利用に関する法律施行規則が定められました。

　国土交通省の告示（令5・3・16国交告188）では、自賠証等を備え付けることが構造上困難であると認められる自動車（備付困難自動車）につき、内法奥行き210mm以上かつ、内法幅又は内法高148mm以上の大きさを有し、密閉できる携行品の保管設備を有しないものと定められています。

　自賠証等をスキャナ（これに準ずる画像読取装置を含みます。）やカメラ（画像読取装置）で撮影した画像データ等を、例えばCD−ROMやスマートフォン等の端末に保存して携行することにより、備付義務及び提示義務を履行できることとなりました。

第3章　マイクロモビリティに関する責任、保険、トラブル　77

16　道路と評価され道路交通法違反、道路運送車両法違反となる場合は

Q 　私は、公道を走ることができないタイプの電動キックボードを購入しました。電動キックボードは舗装していないところだとガタついて危ないこともあり、私は、公道に面していて誰でも入ることのできる舗装された店舗併設の駐車場の通路部分で遊んでいました。すると、警察官がやってきて、「ここは道路だから、この機種では乗ってはいけない。」と注意されました。

　公道を走ることができないタイプの電動キックボードを私道や駐車場で使う際、道路交通法や道路運送車両法に違反する場合があるのでしょうか。

A 　裁判例では、私有地でも、不特定の人や車が自由に通行できる状態になっている場所は「一般交通の用に供するその他の場所」に当たるとして、行き止まりになっている路地、コンビニエンスストアの駐車場や店舗併設の駐車場の一部分なども「一般交通の用に供するその他の場所」に当たるとして「道路」と解釈され、道路交通法上の刑事罰が認定されているケースもあり、トラブルにならないよう注意が必要です。

解　説

1　「道路」で使用できるのかが重要

　マイクロモビリティの取引市場では、「道路」ではなく、「公道」は乗れないという言葉で紹介されているケースが多くあります。そのため、消費者が、公道のみが走れないかのように誤解したり、私道をはじめ私有地であればどこでも乗れるかのように誤解したりするおそれ

があI)ますが、「公道」かどうかで区別されるのではなく、道路交通法
や道路運送車両法における「道路」に当たるか否かが重要です（設問
12参照）。

2 「道路」か否かの検討の必要性

　マイクロモビリティは、その不安定さから舗装された場所以外での
走行は非常に困難で、少しの段差で危険が伴います。

　他方、道路で乗ることのできないマイクロモビリティを購入した車
両保有者は、道路を運行するのに必要な自賠責保険の必要性に思いが
至らず、また、任意保険を附帯しようという意思が低いケースが多い
と思われます。そのようなマイクロモビリティを購入した場合は、自
分が乗ろうとする場所が「道路」かの検討が必要です。

　なお、事故現場が「道路」であるとすれば、仮に当該マイクロモビ
リティに自賠責保険の加入がない場合でも、政府保障事業の対象にな
り得ます。そこで、被害者にとっても事故に遭った場所が「道路」か
を検討することは重要です（設問28参照）。

3 「道路」と認定された事案

　裁判例では、以下のケースが「一般交通の用に供するその他の場所」
として「道路」と認定されています。

　(1)　道路状の私有地

①　私有地で、道路との境界を区画するものはなく、道路状で何人も
　自由に通行できる状態で、農道と道路とが丁字形に交わるすみ切り
　がされている場所（最判昭44・7・11判時562・80）。

②　住宅の所有者が所有する住宅に面する南北約3.7m、東西約28.5
　mの路地で東側は行き止まり、西側は府道に通じ、路地の出入口に
　は、特に人及び車両の通行を禁止又は制限する等の措置は採られず、

第3章　マイクロモビリティに関する責任、保険、トラブル　　79

現に人、自転車、自動二輪車等が自由に通行している場所（大阪高判昭62・10・27判時1263・49）。

③　埠頭港湾施設岸壁で道路から地続きとなっており、一般車両の立入りが禁止、進入禁止などの規制はなく、事実上進入困難な障害物等もない場所（大阪地判平18・1・20交民39・1・50）。

④　下水道用地の上部を通路状に開設して一般通行用に開放している遊歩道で、自転車の乗り入れを禁止する看板が設置されているが、実際には歩行者だけでなく自転車に乗って通行する者も珍しくない状況の場所（東京高判令4・10・6自保2141・148）。

（2）　駐車場の通路部分

①　店舗付属の駐車場（東西約54m、南北約36mのほぼ長方形で舗装、東西側は水田、南側は農道、北側は排水路、出入口は東北角部分1か所）で、門戸や守衛等もなく、利用者の制限等を示す標識等はなく常時一般に開放使用され、店舗利用の客が自由かつ頻繁に右駐車場内の道路部分を通行して駐車区画内に駐車させ、通路部分を歩行し、県道と農道の連絡通路として近隣の通行利用等に供される駐車位置区画線のない通路部分（名古屋高判昭56・7・14刑月13・6－7・442）。

②　大規模小売店舗の駐車場（周囲を取り囲む北側道路との間に2か所、西側道路との間に1か所門扉の出入口あり）で、昼間帯は開放され自動車が自由に出入り可能で、通路部分は、店舗の利用客、本来周囲の道路を利用すべき車や原動機付自転車なども多数通行し、その中には直近の交差点の信号待ち回避のため通路部分を通行するものも少なくない場所（高松地判平14・11・28（平14（わ）379））。

③　コンビニの駐車場（駐車区画の周囲が通路で、道路との境部分に自動車の出入りの妨げなし）で、隣接する道路の左折の際に駐車場通路部分等を通過する自動車がある場所（東京高判平17・5・25判時1910・158）。

（3） 駐車場本体

① 駐車場で（遮へい物がなく自動車が自由に出入り可能、北側道路との間はフェンスや縁石等がなく出入りが可能）、店舗の利用客、本来周囲の道路を利用すべき車、自転車、歩行者等も多数通行し、その中には直近の交差点の信号待ち回避のため同駐車場内を通行するものも少なくない場所（東京高判平13・6・12判時1770・160）。

② 店舗利用客用の駐車場（東西約30m、南北約19mのほぼ長方形、舗装され、北・西側は公道、西側は車両が出入り可能）で、常時管理者はなく、出入口には柵等はなく常時開放され、「店舗へ御利用のお客様専用駐車場です。駐車場御利用の方は各店舗へ申し出て下さい」等の看板が設置され、駐車場に停めようとする者等は、誰でも本件駐車場中央部分を通行でき、現に通行していた場所（大阪高判平14・10・23判タ1121・261）。

4 「道路」と認定されなかった事案

裁判例では、以下のケースが「一般交通の用に供するその他の場所」として「道路」と認定されませんでした。

（1） 道路状の私有地

① 日中開扉の間に、限られた自動車が貨物の積降ろしのため出入りするにすぎず、事務所で許可が必要な業務所の構内の各種倉庫前の広場（仙台高判昭38・12・23判タ161・104）。

② 会社構内で大型自動車の通行可能な平坦な道であるが、出入口の電柱に無断立入禁止表示があり、約40mで行き詰り、通り抜け不可能で、ダンプカーが多数出入りしているが指定した者に限られる場所（静岡地判昭44・12・4刑月1・12・1153）。

③ 砂利の選別作業所内で、事務所の経由なく作業所内に入れず、南側・東西両側は障壁がなく、隣接県道と段差があり、農地へ付近農

民が稀に作業所内を関係者の暗黙の諒解を得て通過する以外外部の者が入らない場所（東京高判昭45・6・3判タ255・291）。

④　構内の道路で、交通秩序の維持は事実上専ら敷地管理権に基づいており、用務のない者は構内に出入りが許されず、構内の出入者も経済的従属関係者で、全ての者が保安課員のチェックを受ける等の場所（岡山地倉敷支判昭58・1・7判時1075・167）。

(2)　駐車場の通路部分

①　駐車場内で川で行き止まりで、入口に「無料駐車場○○」と表示板が立ち、管理人も置かれず、中央車路部分は、駐車する不特定車両が通行できるよう区画され、現況も車両が車路部分を通行利用し、隣接ホテルや飲食店へ赴く客等も自由に駐車場内を通行する状態の場所（最判昭46・10・27刑集181・1021。なお、原審の東京高判昭45・7・30判時616・113は道路であると認定）。

(3)　駐車場本体

①　コンビニの来客用の駐車場（東京高判平12・10・31判時1743・151）。

②　月極駐車場（東西約23m、南北約19mのほぼ長方形で舗装され、南側には塀、東側は畑、西側は市道に接し、北西角に出入口）で、付近の修理工場に進入する車両等の北西角付近を横切って通行があるが、それ以外は駐車場の契約者や関係者の車両や人の出入りだけで無関係な通行はなく、駐車区画の数から駐車場内を通行する車両や人は極めて限定され、通行頻度が低い場所（東京高判平14・10・21東高時報53・1－12・94）。

5　裁判例の傾向

裁判例に照らすと、道路状の私有地でも、形状や使われ方により、不特定の人や車が自由に通行できる状態になっている場所は「一般交通の用に供するその他の場所」に当たると解される場合があります。

逆に、道路状の私有地でも、出入りに制限がある場合等は否定される傾向があります。

　駐車場の通路部分や駐車場本体も、使用の方法により、不特定の人や車が自由に通行できる状態になっている場合には「一般交通の用に供するその他の場所」に当たると解される場合があります。例えば、駐車場の通路部分や本体が信号待ちや右左折のショートカットに現状使われている場合には、道路交通法における規制が必要という要請が働き、当該場所は「一般交通の用に供するその他の場所」に当たると認定される傾向にあるといえるでしょう。

第3章　マイクロモビリティに関する責任、保険、トラブル　83

コラム9

○マイクロモビリティの修理と購入時の注意点

　マイクロモビリティを購入する際、機能や値段に目が行きがちと思われますが、後々のメンテナンスや修理についても考えなければなりません。

　この点、マイクロモビリティが道路運送車両法上の二輪の小型自動車に該当する機種であれば車検がありメンテナンスが法律上義務付けられていますが、第一種及び第二種原動機付自転車、二輪の軽自動車には車検の制度がなく（設問9参照）、車両保有者は自らメンテナンスに気を遣う必要があります。

　特に電動キックボードや電動立ち乗り二輪ボードなどは従前の原動機付自転車や普通自転車に似た構造ではなく、メーカー以外の一般のバイクや自転車の修理工場が扱うには困難があるようです。メーカーやメーカーの指定する修理工場に修理を出す場合でも、日本国内での拠点が限られているような場合には、輸送や費用等の関係で、事実上、修理が困難な場合があります。

　市販されているマイクロモビリティの中には、ネジなどの部品がJIS規格等の主要な規格に沿っておらず、例えば、タイヤがパンクした場合でも、一般の修理工場では修理の際に替えの部品がない、工具が合わない、トルク管理ができないなど修理に不都合が生じたケースもあると聞きます。

　マイクロモビリティの物損が生じた場合、修理の見積書の内容が実際の修理内容と異なり金額が異なってきたり、見積り自体が不能なケースも考えられます。

　メンテナンスや修理不足は事故を惹起しやすく、どこでどのような処置が受けられるのか確認した上で購入するのも大事です。

17 ペダル付原動機付自転車が電動アシスト自転車として売られていた場合は

私が電動アシスト自転車として購入した自転車に、妻が乗っていて交通事故を起こしてしまいました。
　警察の調べで、私が購入した自転車は、アシスト比率を超えていて、ペダル付原動機付自転車であり、道路運送車両法上は第一種原動機付自転車であったことを初めて知りました。私は、原動機付自転車とは知らなかったのだから、自賠法3条の運行供用者責任は負わないのではないでしょうか。

市場で売られている中には、ペダル付原動機付自転車を電動アシスト自転車と称して売られているケースや、アシスト比率が不適切な例も見受けられます。
　電動アシスト自転車かどうか、メーカーの説明や型式認定がなされているか否かも確認した上で、アシスト比率が適正かどうか等、見極めて購入することが必要です。
　車両保有者は、基本的には、無過失責任である自賠法3条の運行供用者責任を負うと考えられます。

　解　説

1　ペダル付原動機付自転車に該当する場合
　電動アシスト自転車では、人がペダルを踏む力とモーターによる補助力の比率（アシスト基準）等の定めがあり、容易には改造できないことが要件です（設問5参照）。
　電動アシスト自転車は、道路運送車両法上は車両に該当せず、道路

交通法上は軽車両ですが、市場で売られている中には、原動機付自転車の車両区分であるペダル付原動機付自転車を、電動アシスト自転車と称して売られているケースや、アシスト比率が不適切で結果的にペダル付原動機付自転車に該当している例も見受けられます。

電動アシスト自転車かどうか、メーカーの説明や型式認定がなされているか否かも確認した上で、アシスト比率が適正かどうか等、見極めて購入することが必要です。

ペダルが付いていることから、ペダル漕ぎをしている場合には、電動アシスト自転車なのかペダル付原動機付自転車なのか外観上は一見して見分けが付かない車種もあります。

2 　自賠法3条の責任

電動アシスト自転車の場合は、普通自転車と同様に、歩道走行をするケースもあると思われますが、ペダル付原動機付自転車に該当する車種が歩道を走行して、歩行者等に衝突した場合には、大きな損害が生じる可能性があります。

自賠法は、自動車の運行によって人の生命又は身体が害された場合の被害者の保護を図る趣旨であり、自賠法3条ただし書に該当しない限り免責されないこと等からすれば、電動アシスト自転車と勘違いをしていても、道路運送車両法上の自動車や原動機付自転車に該当する車種である以上は、基本的には、自賠法3条の運行供用者責任が発生すると考えられます。

そのようなケースで、車両に自賠責保険の加入がない場合には、政府保障事業（自動車損害賠償保障事業）の対象となり得ますので、被害者は政府に対して請求をすることが考えられます（設問28参照）。

18 ペダル付原動機付自転車をペダル漕ぎしている時に衝突した場合は

Q 私はペダル付原動機付自転車を購入し、夫が使っていたところ、ペダル漕ぎしているときに、歩行者に衝突をしました。

被害者である歩行者からは、車両保有者である私に対して、自賠法3条の運行供用者責任があると言われていますが、あくまで、ペダル漕ぎ中に衝突したのですから、自転車と変わらないはずなので、私は自賠法3条の運行供用者責任を負わないのではないでしょうか。

A 一般的なペダル付原動機付自転車は、ペダル漕ぎをしている場合にも道路交通法上は原動機付自転車として扱われますが、要件を満たしたモード変更可能なペダル付原動機付自転車は、人力のペダル漕ぎ走行（人力モード）に切り替えている場合には道路交通法上の車両区分は普通自転車として扱われます。

しかし、重要なことは、一般的なペダル付原動機付自転車でもモード変更可能なペダル付原動機付自転車でも、いずれも、ペダル付原動機付自転車は、道路運送車両法上は、原動機付自転車で変わらないということです。

自賠法3条の運行とは、原動機の作用により自動車を移動させることのみならず、走行装置を操作しながら走行したり、車両に固有の装置をその目的に従って使用する場合も含むと解されている判例に照らせば、ペダル付原動機付自転車を原動機を使用せず

第3章　マイクロモビリティに関する責任、保険、トラブル　87

にペダル漕ぎ走行している場合に事故に遭った場合にも、車両保有者は、自賠法3条の運行供用者責任を負うと考えられます。

$$\boxed{\text{解　説}}$$

1　ペダル付原動機付自転車の道路交通法上の扱い

ペダル付原動機付自転車の中には道路交通法上の取扱いが異なる2種類があります。

まず、一般的なペダル付原動機付自転車は、ペダル漕ぎをしている場合にも道路交通法上は原動機付自転車として扱われており（平17・3・24警察庁丁交企発94等）、原動機付自転車としての道路交通法上のルールを守らなければなりません。歩道走行は車両区分からして通行区分違反になります。

また、要件を満たしたモード変更可能なペダル付原動機付自転車は、人力のペダル漕ぎ走行（人力モード）に切り替えている場合には道路交通法上の車両区分は普通自転車として扱われます（令3・6・28警察庁丁交企発270・丁交指発60）（設問11参照）。

2　ペダル漕ぎ走行での道路運送車両法上の扱い

まず、一般的なペダル付原動機付自転車のペダル漕ぎ走行の場合、ペダル付原動機付自転車の道路運送車両法上の車両区分に変わりはありません。

また、要件を満たしたモード変更可能なペダル付原動機付自転車で人力モードに切替えをしていても、道路交通法上の車両区分は普通自転車ですが、道路運送車両法上の車両区分としては、原動機付自転車に該当することが重要です（令5・3・14国官参自保523）。

いずれにしても、ペダル付原動機付自転車は自賠責保険の対象とな

りますから、個人賠償責任保険の対象にはなりません（大阪地判令5・12・14自保2164・166）。

3　自賠法2条2項の「運行」

　自賠法3条は「運行によって」他人の生命又は身体を害したときに責任が生じるとしており、自賠法2条2項の「運行」とは、人又は物を運送する、しないにかかわらず、自動車を当該装置の用い方に従い用いることをいうとしていますが、ペダル付原動機付自転車をペダル漕ぎ走行している場合が、自賠法における「運行」として「自動車を当該装置の用い方に従い用いる」場合に該当するのでしょうか。

　この点、自賠法2条2項にいう「自動車を当該装置の用い方に従い用いる」の解釈としては、原動機の作用によって自動車を移動させることとする原動機説、原動機装置の他にハンドルやブレーキなどの装置を操作しながら走行する走行装置説、走行装置のみならずクレーン車やフォークリフト等のクレーンやフォーク等特殊自動車の固有の装置を目的に従って使用することをいうとする固有装置説等があります。

　最高裁昭和52年11月24日判決（判時872・78）は、道路下の田に転落した貨物自動車の引揚げ作業のため被告会社から派遣されて現場に来ていた被告会社従業員の運転するクレーン車のブームから吊り下げられたワイヤーの先端に取り付けられたフックを、転落車に巻きつけたワイヤーに引掛ける作業をしていた被害者が、ワイヤーが現場の上方に架設されていた高圧電線に触れたため、感電死するに至ったという事案です。最高裁は、「自賠法2条2項にいう「自動車を当該装置の用い方に従い用いること」には、自動車をエンジンその他の走行装置により位置の移動を伴う走行状態におく場合だけでなく、本件のように、特殊自動車であるクレーン車を走行停止の状態におき、操縦者において、固有の装置であるクレーンをその目的に従って操作する場合をも含む

第3章　マイクロモビリティに関する責任、保険、トラブル　　89

ものと解するのが相当である。したがって、原審の適法に確定した事実関係のもとで、右と同旨の判断のもとに、本件事故は本件クレーン車の運行中に生じたものである」と認定し、被害者の死亡との間の相当因果関係も肯認した原審を是認し、固有装置説を採用しています。

4　ペダル漕ぎ走行での自賠法3条の責任

　ペダル付原動機付自転車を原動機を使用せずに、ペダル漕ぎ走行している場合は、走行装置であるペダルやハンドルやブレーキ等の装置を操作して走行していることに変わりはありません。

　自賠法の運行につき、原動機の作用により自動車を移動させることのみならず、走行装置を操作しながら走行することも含むとする走行装置説や、車両に固有の装置をその目的に従って使用する場合も含むと解する固有装置説に照らせば、ペダル付原動機付自転車を原動機を使用せずに、ペダル漕ぎ走行している場合も自賠法2条2項にいう「自動車を当該装置の用い方に従い用いること」であり、「運行」に当たるとして、保有者は、自賠法3条の運行供用者責任を負うと考えられます。

コラム10

〇相手方のマイクロモビリティの定格出力等を知りたい場合

　マイクロモビリティは定格出力や大きさによって、道路運送車両法の車両区分、道路交通法上の車両区分が異なってきます。特に、道路交通法上の車両区分によって、守るべき交通ルールが異なる可能性があります。

　相手方のマイクロモビリティの定格出力等を知りたい場合はどうすればよいのでしょうか。

　まず、ナンバープレートを取得している車両であれば、その色や形から判別することも考えられます。設問9で詳述しましたが、特定小型原動機付自転車以外は、ナンバープレートは基本的に長方形若しくは台形で、色は、第一種原動機付自転車は白色、第二種原動機付自転車（乙）は黄色、第二種原動機付自転車（甲）がピンク色、二輪の軽自動車は白色で緑字、二輪の小型自動車は白地で緑枠です。特定小型原動機付自転車のナンバープレートは縦、横共に10cmの正方形で特徴があります。定格出力や大きさ、道路交通法上の車両区分との対応関係については設問7の表を参照してください。

　ナンバープレートが付いていない車両であれば、事故を起こしたマイクロモビリティの写真を取得し、メーカーや定格出力や大きさなどを確認しましょう。事故現場で写真を撮らなかった場合などは相手方に確認したり、又は警察に聞いたり、刑事記録等で確認することが考えられます。メーカーについては、HPなどで確認や問合せをすることも可能かもしれません。なお、警察署が刑事事件の関係で運輸局へ問合せをしており、運輸局からの定格出力や道路交通法上の車両区分についての回答がある事案もあります。

第3章　マイクロモビリティに関する責任、保険、トラブル　　91

19　マイクロモビリティの保有者が責任無能力者の場合の問題点は

Q　私は、10歳の子どもが運転する電動立ち乗り二輪ボードに衝突されたのですが、このボードは、道路を運行する予定がされていない機種でした。その所有関係を調べたところ、子どもに対して、その子どもの両親が購入したものでした。

　10歳の子どもが運行供用者責任を負うのでしょうか。

A　マイクロモビリティを保有していたのが責任無能力者である子どもの場合でも、自賠法3条の運行供用者責任は問題となり得ます。

　もっとも、家族の共用の場合や運行利益と運行支配が認められる者や社会通念上自動車の運行が社会に害悪をもたらさないよう監視、監督すべき立場にある者に関しても、運行供用者責任が認められる可能性があります。

解　説

1　問題の所在

　責任無能力者に当たるような12歳以下の子どもが運転する自転車事故は今までもあったでしょう。しかし、自賠法の対象になる自動車や原動機付自転車について所有ないし保有することは、例えば相続等では理論的にあり得ても、16歳未満の子どもは運転免許も取得できないこともあり、責任無能力者に当たるような12歳以下の子どもが自賠法上の保有者になることは、今までは存在してもまれか、想定されていなかったようです。責任能力に関して問題になるのは、保有者が認知

症や精神疾患に罹患したような場合が主でした。

　この点、2023年7月1日施行の改正道路交通法では、特定小型原動機付自転車については、16歳未満の者は運転をしてはならず（道交64の2①）、また、自動車や一般原動機付自転車の免許を有しない者（16歳未満の者）は運転をしてはなりません（道交64①）。また、道路交通法上は、上記の違反となる運転ができない者への提供は、禁止されています（道交64②・64の2②）。

　しかし、問題は、上記のように道路交通法上の提供禁止規定があっても、マイクロモビリティの販売の規制や販売側の認識が必ずしも十分ではなく、道路運送車両法上は自動車や原動機付自転車に該当するのに、おもちゃや電動アシスト自転車、構内用として量販店やインターネット等で売られ、消費者も認識不十分なまま購入できてしまう現状です。

2　運行供用者責任を負う意識の生じにくさ

　道路を運行することを予定しない機種でも、道路運送車両法上は自動車又は原動機付自転車に該当する場合には、自賠法3条の運行供用者責任の対象になり（設問13・14、コラム6・7 参照）、自賠法3条のただし書の免責に該当しない限り責任を免れられません。

　自賠責保険の強制加入対象ではないために、運行供用者責任を負う意識が生じにくく、事故が発生して初めて運行供用者責任を負うことに直面するケースもあります。責任無能力者である子どもやその家族が、事情を知らずに購入している場合もあり、それを子どもに与えたり、家族で遊びに使ったり、友達に貸し借りすることはあり得ます。そのようなケースでの事故の場合、被害者に損害が発生して保険も資力も不十分だと被害者側も、加害者側も不幸になります。

　本書は、そのような事案を目にして、このようなケースを少しでも

第3章　マイクロモビリティに関する責任、保険、トラブル　　93

減らしたい、マイクロモビリティの保有者には機種に応じた保険の付保の必要性を考えてもらいたい、販売店には販売の際に気を付けてもらいたい、保険会社や保険代理店には潜在的な保険のニーズを掘り起こしてもらいたいという観点から執筆に至った経緯があります。

3　不法行為に基づく損害賠償責任と責任能力

　まず、民法上は、民法712条、713条により、不法行為には責任能力が必要とされています。裁判例に照らすと、おおむね12歳前後になると責任能力があるとされ、責任無能力者は賠償責任を負わず、民法714条により両親など監督義務者が賠償責任を負います。この点については、村主隆行「責任能力の有無が微妙な年齢の未成年者が自転車事故を起こした場合の親権者の損害賠償責任」(赤い本2015年(平成27年)版下巻)と題して、詳しく解説をしています。

4　運行供用者責任と責任能力

　それでは、自賠法3条の運行供用者責任に、責任能力は必要なのでしょうか。

　まず、学説では、保有者が責任無能力者でも、自賠法3条の運行供用者責任が生じると解されています(樫見由美子「自賠法における責任無能力者の問題」日本交通法学会『交通事故と責任能力』交通法研究42号(有斐閣、2014)、早川眞一郎「責任無能力者と運行供用者責任」公益財団法人交通事故紛争処理センター『交通事故紛争解決法理の到達点　公益財団法人交通事故紛争処理センター創立50周年記念論文集』(第一法規、2024))。

　裁判例では、精神疾患を発症した大人の事案ですが、責任無能力を理由として自賠法3条の運行供用者責任を免れることはできない、民法713条は適用されないと判示したものがあります(大阪地判平17・2・14判時1917・108)。

このように、現時点における責任無能力者に関する学説や裁判例に照らすと、自賠法3条の運行供用者責任は、責任無能力者かどうかは問題にならず、マイクロモビリティを保有していたのが責任無能力者である子どもの場合で不法行為責任が問えない場合でも、保有者が責任無能力者であっても運行供用者としては賠償責任が認められることになり、不法行為とは責任主体がずれます。

別の観点から見ると、当該子どもが自賠法3条による責任を負うのであれば、民法712条、714条は適用されないので監督義務者は責任を負わないのではないかとの疑問も生じます。

上記の問題点があることを念頭に置きつつ、家族内で使っているような場合や管理監督者がいる場合に、保有者や運行供用者の範囲は拡大しないかという点も検討しなければなりません。

5　保有者の範囲

まず、保有者の範囲ですが、自賠法2条3項の「保有者」とは、自動車の所有者その他自動車を使用する権利を有する者とされており、所有権、賃貸借、使用貸借、委任等正当な権原に基づく使用権を有する者と解されています。

乗り物を家族内で共用することは多々ありますので、マイクロモビリティが家族内で使われている、若しくは、家族が使うことを暗黙の了解の上での使用がある場合には、所有形態として当該家族の共有物であるとして、共有者が自己のために車両を運行の用に供する者になり得ると解されます。

6　運行供用者の範囲

次に、運行供用者の範囲ですが、自賠法3条の運行供用者責任の範囲について判示した裁判例として、2つ紹介します。

① 未成年者（19歳）名義の登録の原動機付自転車につき、支払援助した父親の運行供用者責任が問われた事案で、名義人ではないものの頭金の半額を援助した父親については、運行利益と運行支配が認められ、自賠法3条の運行供用者責任を認め、一方で、支払に関与がない母親は、運行利益はあるが運行支配はないとして運行供用者責任を否定しています（岡山地判昭43・7・31判時558・75）。

② 自動車の所有者である子（20歳）のため所有者登録名義人になった父親の運行供用者責任が問われた事案で、最高裁は、父は、社会通念上自動車の運行が社会に害悪をもたらさないよう監視、監督すべき立場にあるとして、自動車の運行供用者に当たると肯定しています（最判昭50・11・28判時800・50）。

なお、道路の運行を予定していないマイクロモビリティは道路運送車両法上の原動機付自転車等の車両区分によって、市区町村に登録申請をしてナンバープレートの交付を受け、税金の支払をする必要がありますが（設問9参照）、そもそも、登録されているとも限りません。社会通念上車両の運行が社会に害悪をもたらさないよう監視、監督すべき立場の者か否かは、車両の登録名義の有無や内容に限られず、実態をみて判断されると解されます。

このように、車両の名義上の保有者とは異なる者でも、運行利益と運行支配が認められる者や、社会通念上車両の運行が社会に害悪をもたらさないよう監視、監督すべき立場にある者については、自賠法3条の運行供用者責任を認められる可能性がありますので、このようなケースの被害者は、責任を負う主体に漏れがないか検討する必要があります。

20 マイクロモビリティを保有していた責任無能力者本人が運転者の場合の責任の所在は

Q 私が衝突された電動立ち乗り二輪ボードは、11歳の子どもが小遣いで買ったもので、同人が運転していました。両親は使用するのを放置していたようです。誰にどのような責任を追及できるのでしょうか。

A 不法行為責任は、責任能力が必要とされており、両親など監督義務者が賠償責任を負います。

監督義務者には、監督義務を果たさなかった点につき独自の不法行為責任が認められる場合もあり得ます。

自賠法3条の運行供用者責任は、基本的に11歳の責任無能力者本人が負いますが、家族の共用の場合や両親など運行利益と運行支配が認められる者、社会通念上自動車の運行が社会に害悪をもたらさないよう監視、監督すべき立場にある者に関しても、運行供用者責任が認められる可能性があります。

解 説

1 不法行為に基づく損害賠償請求

民法上は、民法712条により、不法行為には責任能力が必要とされており、裁判例に照らすと、おおむね12歳前後になると責任能力があるとされ、責任無能力者は賠償責任を負わず、民法714条により両親など監督義務者が賠償責任を負います。

そこで、不法行為責任としては、両親など監督義務者が賠償責任を負います。11歳の責任無能力者本人は負いません。

第3章　マイクロモビリティに関する責任、保険、トラブル　　97

　なお、道路交通法上、特定小型原動機付自転車及び一般原動機付自転車について、16歳未満の子どもは運転ができず、何人も提供することを禁止されています。そこで、両親が、マイクロモビリティを責任無能力者である子どもに保有させ、運転することにつき放置をしているケースなどは、両親に対して、監督義務違反があり、事故との相当因果関係がある場合には、独自に民法709条に基づく不法行為責任が認められる場合もあり得ると思われます（設問21参照）。

2　運行供用者責任と責任能力

　自賠法3条の運行供用者責任は、基本的に11歳の責任無能力者本人が負い、両親に対する民法714条による監督義務者に対する責任追及はできません。

　しかし、マイクロモビリティを家族で共用していたような場合には、家族も共有者として保有者となり得ますし、両親が社会通念上車両の運行が社会に害悪をもたらさないよう監視、監督すべき立場にある者として運行利益や運行支配があれば、運行供用者責任が認められる可能性があります（設問19参照）。

責任主体	不法行為責任	運行供用者責任
保有者兼運転者の11歳の子ども	×（民法712条）	○（自賠法3条）
監督義務違反のある両親等	○（民法714条） △（民法709条）	×（民法714条） △（自賠法3条）

21 マイクロモビリティを保有していたのが責任無能力者で、運転者が責任能力者の場合の責任の所在は

Q 私が衝突された電動立ち乗り二輪ボードは、11歳の子どもが小遣いで買ったものでした。その子は、原付免許を有する17歳兄と共用していたようで、私に衝突の際は、17歳の兄が乗っていました。両親は使用するのを放置していたようです。誰にどのような責任を追及できるのでしょうか。

不法行為責任は、基本的には、子どもとはいえ17歳であれば責任能力があるとされるので、17歳の兄が負います。

自賠法3条の運行供用者責任は、使用権原のある兄、11歳の責任無能力者本人も負いますが、家族の共用の場合や両親など運行利益と運行支配が認められる者、社会通念上自動車の運行が社会に害悪をもたらさないよう監視、監督すべき立場にある者に関しても、運行供用者責任が認められる可能性があります。

解 説

1 不法行為に基づく損害賠償請求

民法上は、民法712条により、不法行為には責任能力が必要とされており、裁判例に照らすと、おおむね12歳前後になると責任能力があるとされています。

そこで、支払能力は別として、運転者が子どもとはいえ17歳の場合には、不法行為責任を負います。

2　監督義務者の不法行為責任

　子どもに責任能力がある場合、両親に民法714条の監督義務者としての責任は問えませんが、両親に監督義務違反と子どもが起こした事故との相当因果関係がある場合には、監督者に民法709条に基づく不法行為責任が認められる場合もあり得ると思われます。

　未成年者（15歳）が新聞代金の集金作業中に起こした殺人事件に関して、父母に対し監督義務を怠ったとして民法709条の不法行為に基づく損害賠償責任が問われた事案では、最高裁は、未成年者が責任能力を有する場合であっても監督義務者の義務違反と当該未成年者の不法行為によって生じた結果との間に相当因果関係を認め得るときは、監督義務者につき民法709条に基づく不法行為が成立するものと解するのが相当であり、民法714条の規定が右解釈の妨げとなるものではないとされ、父母の子どもに対する監督義務の懈怠と子どもによる不法行為の結果との間に相当因果関係を肯定したことを是認しています（最判昭49・3・22判時737・39）。

　例えば、両親が子どもが使うことを許容してマイクロモビリティを購入した、子どもがマイクロモビリティを購入したが容認していた、家族の共用部分で保管をしていて子どもが使おうと思えば使える状況にしていた、保安基準や安全装置が不十分なまま子どもに道路上で乗らせて放置していた、16歳未満の子どもがマイクロモビリティを使用しているが両親が注意をするなど監督していない、事故以前に警察等に使用に関して注意を受けていた等、両親の監督義務が果たされておらず、監督義務を尽くしていれば事故の発生を防ぐことができた等の事情がある場合には、個別具体的な事案にもよりますが、民法709条に基づく不法行為責任が認められるケースもあると思われます。

3　運行供用者責任と責任能力

　自賠法3条の運行供用者責任は、使用権原のある兄、家族内で共用を容認していた弟である11歳の責任無能力者本人も負い、両親に対する民法714条による監督義務者としての責任追及はできません。

　もっとも、マイクロモビリティを家族で共用していたような場合には、家族も共有者として保有者となり得ますし、両親が社会通念上自動車の運行が社会に害悪をもたらさないよう監視、監督すべき立場にある者として運行供用者責任が認められる可能性があります（設問19参照）。

責任主体	不法行為責任	運行供用者責任
保有者の11歳の子ども	×（民法709条：運転はしていない、責任無能力）	○（自賠法3条：家族内で共用）
運転者の17歳の子ども（兄）	○（民法709条：運転しており、責任能力あり）	○（自賠法3条：家族内で共用）
監督義務違反のある両親等	×（民法714条） △（民法709条）	×（民法714条） △（自賠法3条）

第3章　マイクロモビリティに関する責任、保険、トラブル　101

コラム11

○相手方のマイクロモビリティの保有者の探し方

　マイクロモビリティの運転者は分かりますが、保有者が別にいるようです。その場合、どのように調べればよいのでしょうか。

　どの交通事故でも共通していますが、運転者が必ずしも保有者とは限らないので、他に運行供用者責任を負う者がいないか確認が必要になります。実務上は、主観的追加的併合が否定されており、責任主体が増える場合には別訴提起をせざるを得ず、印紙代が別途かかります。できれば訴訟提起前に保有者が別にいるか否かはマイクロモビリティに限らず確認したいところです。なお、相手車両にも物損被害があれば、被害を受けた保有者が出てきて当初から分かる場合もあります。

　まず、登録がある二輪の場合ですが、原動機付自転車は、基本的には、軽自動車税の対象となります。そこで、車両番号を管理する市区町村の課税管理係に弁護士会照会をかけることが考えられ、各単位会の弁護士会照会の案内でもそのように説明されていることがあります。

　しかし、弁護士会照会はそれなりに費用がかかるのと、実務上は、市区町村の課税管理係からは、個人情報保護を理由に拒否されることが多いようです。

　そこで、まずは、運転者から確認を取ったり、保険が付保されている場合には保険会社に任意に氏名住所を確認するのが無難です。

　運転者や保険会社の協力が得られない場合で、運転者らが起訴されており刑事記録から他に保有者がいることが分かるような場合で黒塗りの場合には、検察庁に事情を話して刑事記録の再謄写をするとよいでしょう。氏名は開示してくれることがあります。

　なおも、住所等の刑事記録が黒塗りの場合には、訴え提起時に、裁判所を通じて、地検等の記録保管先への刑事記録の謄写、若しくは車両番号を管理する市町村に調査嘱託をかけることが考えられます。調査嘱託の費用は、郵券代や謄写費用となります。

　それでは、登録がない（なさそうな）マイクロモビリティの場合の場合は、どのように保有者を探せばよいのでしょうか。

まずは、運転者に保有者の確認を取るのが無難です。なお、このような場合、保険をかけていない場合が多々あり得ますが、付保されていれば保険会社に保有者を聞くということになります。

運転者の協力が得られない場合、運転者が起訴されている場合は、刑事記録等の謄写で分かる場合もありますが、不起訴記録の場合には、実況見分調書しか開示されないことが多いと思われるので、保有者の特定の困難が予想されます。

第3章 マイクロモビリティに関する責任、保険、トラブル

22 マイクロモビリティの2人乗りの場合の運行支配と他人性

Q 友人が特定小型原動機付自転車に当たる電動キックボードを借りてきて乗せて家に送ってくれると言ったので、狭かったですが、私はボードの後ろに乗せてもらって送ってもらいました。

友人がハンドルを握り、走行中に私もバランスを崩さないように気を付けていましたが、結局、友人はバランスを崩して転倒して、私は、頭を怪我してしまいました。私は、車両にかかっていた自賠責保険に被害者として請求ができるでしょうか。

A 特定小型原動機付自転車に当たる電動キックボードは、2人乗りは禁止されています。

電動キックボードは、もともと、構造上乗るのにバランスが必要とされています。2人乗りをしてしまった場合、同乗者もバランスをとって乗っていることが考えられ、運行利益や運行支配からして、同乗者も運行供用者であると解される余地もあり、かつ自賠責保険が請求できる他人と解されず、被害者として自賠責保険の請求ができないことも考えられます。

解説

1 二輪の2人乗り

道路交通法上の大型自動二輪車、普通自動二輪車では、運転者以外の者の用に供する乗車装置を備える車種であれば、免許の取得から一定期間を経れば2人乗りが可能ですが（道交令22一・26の3の3）、道路交通

法上の一般原動機付自転車や特定小型原動機付自転車では、道路交通法上、2人乗りは禁止されています（道交57①）。

二輪の2人乗り	
一般原動機付自転車	2人乗りは禁止
特定小型原動機付自転車	
普通自動二輪車	運転者以外の者の用に供する乗車装置を備える車種であれば、免許の取得から一定期間を経れば2人乗りが可能
大型自動二輪車	

　また、電動キックボードをはじめとするマイクロモビリティは、基本的には2人乗りが予定された構造には通常なっておらず、メーカーも乗員を1名とし、シェアリングでも2人乗りを禁止しているケースが多いと思われます。

　このような機種に2人乗りをし、運転中にバランスを崩して転倒して、同乗者が怪我をした場合、同乗者は、直接の運転者や車両保有者に対して、自分が被害者であるとして運行供用者責任を問い、自賠責保険の救済を得ることができるでしょうか。

2　運行供用者と他人性

　この点、自賠法3条で責任を負う運行供用者、すなわち「自己のために自動車を運行の用に供する者」の解釈については、自動車の使用についての支配権を有し、かつその使用により享受する利益が自己に帰属する者を意味するとして、運行支配及び運行利益の帰属の有無が検討されるのが判例実務です（最判昭43・9・24判時539・40）。

　また、自賠法において、自賠責保険の救済の対象となるのは「他人」であり、運行供用者、（狭義の）運転者、運転補助者以外の者と解されていますが、これらに該当する者であっても、必ずしも当然に他人性

第3章　マイクロモビリティに関する責任、保険、トラブル　105

が否定されるわけではなく、運転者との関係で運行支配が間接的補助的で事故の発生を防止すべき中心的な責任を負っていない等の特段の事情があれば他人性が否定されない場合もあると解されています（最判昭57・11・26判時1061・36、最判平9・10・31判時1623・80）。

　今まで、同乗者で運行供用者性や他人性が問題となっていたのは、車両保有者が同乗者のようなケースでした。

　また、通常の原動機付自転車で2人乗りが禁止されているが2人乗りをした場合の車両保有者でない同乗者のケースに関しても、被害を受けた対第三者との関係で2人乗りをした車両保有者でない同乗者が運行供用者に当たるかどうかは別として、2人乗りをした車両保有者ではない同乗者が被害を受けた場合には、直接の運転者や車両保有者に対しては他人性が肯定されていました（大阪地判昭44・11・10判時611・66、横浜地判平27・11・24交民48・6・1390）。

3　電動キックボードの特性と運行供用者や他人の範囲

　電動キックボードは、もともと、構造上乗るのにバランスが必要とされています。2人乗りの場合、同乗者も相応なバランスをとって乗っていることが考えられます。

　そのような電動キックボードの特性を考えると、2人乗りの同乗者は、事実上も客観的にも運行の一部を分担し、バランスを崩した事故の発生は同乗者にも原因が考えられます。

　そこで、電動キックボードを2人乗りした同乗者は、事案によっては、運行利益や運行支配が認められるとして共同運行供用者であると解される余地があるほか、運転行為の一部を分担して直接の運転者との密接な関係が認められるとして自賠法2条4項の運行補助者と解される余地があります。

　その場合、同乗者は、直接の運転者や車両保有者に対しても他人性

が否定され、被害者として自賠責保険の請求ができないと解される可能性もあると考えられます。

　通常の原動機付自転車の事案との公平性もありますが、電動キックボードで2人乗りした場合の事故の発生の蓋然性や、同乗者の運行や結果発生への関連性を考えると、通常の原動機付自転車の2人乗り事案とは別に考える必要があるとも思えます。

4　同乗者の過失相殺

　同乗者が運転者に対して不法行為責任を問えたとしても、同乗者は共同運行供用者として評価でき、2人でバランスを崩した事故等は同乗者によっても危険が引き起こされたとも評価できるでしょうから、同乗者に相応の過失相殺がされる可能性が高いといえます。

第3章 マイクロモビリティに関する責任、保険、トラブル 107

23 他人に貸した場合等の保有者の運行供用者責任や不法行為責任は

Q 私は、道路では乗れないタイプの電動キックボードを持っていて、私が使っていないときでも、弟が時々乗って遊んでいました。

先日、私が知らないうちに、弟が友人に電動キックボードを貸したらしく、自分も乗らないし、そのうち返ってくるだろうと思って放置していたところ、弟の友人が電動キックボードを道路で乗っていて、歩行者に怪我をさせたようです。

私は、運行供用者責任を負わないといけないのでしょうか。

A マイクロモビリティを他人に貸した場合にも、車両の保有者に運行支配や運行利益が認められれば、運行供用者責任を負うと考えられます。家族など近い関係のある者は共用しているケースもあり、マイクロモビリティの使用を禁止して管理監督を尽くしているような事情がない限りは、保有者は運行供用者責任を負うと考えられます。

保有者が貸した後の直接の運行には関わっていない場合でも、法律上若しくは構造上の不具合のあるマイクロモビリティを貸したことがマイクロモビリティの不適切な運行につながり、事故の発生につき相当因果関係のあるような場合には、保有者が民法709条に基づく不法行為責任を負うことも考えられます。

長期転貸され、元々の保有者に運行支配や運行利益が帰属しないようなケースでは運行供用者責任が否定される場合もあり得ると思われます。

108　第3章　マイクロモビリティに関する責任、保険、トラブル

解　説

1　他人に貸した場合や、家族や親族に使われた場合の保有者の運行供用者責任

　マイクロモビリティの保有者が、当該車両を他人に貸した場合や、特に断りもなく家族や親族に使われたような場合にも、保有者は運行供用者責任や不法行為責任を負うのでしょうか。

　マイクロモビリティを他人に貸した場合、賃貸借でも使用貸借でも、保有者と他人との合意で、一定期間後はマイクロモビリティの返還が予定されており、マイクロモビリティの使用につき許諾をしていることから、車両の保有者に運行支配や運行利益が認められる限りは、運行供用者責任を負うと考えられます。

　また、家族など近い関係のある者が車両を共用しているケースは多々考えられ、特に断りもなく家族に使われたような場合でも、一般的には、使用に関して同意があると考えられます。他の家族にマイクロモビリティの使用を禁止するなどしていても、他の家族が当該マイクロモビリティの使用ができないよう管理監督を尽くしているなどの事情がない限り、保有者は運行供用者責任を負うと考えられます（設問19～21参照）。

2　他人に貸した場合や、家族や親族に使われた場合の保有者の不法行為責任

　保有者が貸した後の直接の運行には関わっていない場合でも、法律上若しくは構造上の不具合のあるマイクロモビリティを貸したことがマイクロモビリティの不適切な運行につながり、事故の発生につき相当因果関係のあるような場合には、保有者が民法709条に基づく不法行為責任を負うことも考えられます。

第3章　マイクロモビリティに関する責任、保険、トラブル　　109

例えば、道路で運行ができない機種なのに、道路で運行することを予定している者に貸した場合には、道路の運行をするのに国の定める保安基準に適合した構造や保安装置を備えていない不具合のある機種を貸したことになり、当該機種で道路上運行をしたことによって事故が発生したような場合には、責任が生じる可能性があります。

また、マイクロモビリティは、1回の充電で走行できる航続距離の範囲は限られています（コラム1参照）。そこで、借受人がすぐに乗ることを予定したり、充電ができない状況の下で、保有者が十分に充電しないまま貸し渡すことで、充電切れとなって事故が引き起されたような場合には、保有者の不法行為責任が生じる可能性があります。

上記のような場合、運転者と保有者の不法行為責任を、一体的に捉えることができ、被害者側に仮に過失がある場合には、運転者と保有者は、被害者に対しては、運転者と保有者の過失を加算した分について責任を負うと考えられます（絶対的過失相殺）。その場合には、例えば、被害者の過失2：運転者の過失4：保有者の過失4の場合には、被害者は、運転者に対しても、保有者に対しても損害の8割につき請求ができ、運転者と保有者の責任は不真正連帯債務となります。

3　転貸の場合の責任

それでは、例えば、保有者の同居する家族が友人に貸した転貸の場合に、元々の保有者の運行供用者責任は認められるのでしょうか。

この場合、家族の友人が家族と共に短時間使用するなど友人の使用が家族の使用と同視できるケース、家族の友人が乗ることについても包括的に容認していたケースでは運行供用者責任が認められやすいと思われます。

他方、保有者の家族が保有者に無断で友人に長期に貸したようなケースでは、レンタカーの無断転貸の事案が参考になると思われます（名

古屋地判平19・10・16判タ1283・190、大阪地判平5・9・27交民26・5・1215）。

　友人に貸した家族自体は運行支配が帰属し運行供用者責任を負う場合もあると思われます。しかし、元々の保有者については、長期の転貸のようなケースでは元々の保有者の使用の許諾の範囲を超えているとも考えられ、元々の保有者が長期の貸出しを許諾していた場合や放置していた場合は別として、運行支配や運行利益が帰属しないとして運行供用者責任が否定される場合もあると思われます。

　本設問では、長期転貸を把握しながら放置していたため、運行供用者責任が認められる可能性があります。

4　長期に戻ってこない場合

　マイクロモビリティが貸した相手から長期に戻ってこない場合や無断転貸されたような場合には、保有者は放置をせず、盗難届を出しておくなどの対応も考えられます（大阪地判昭62・5・29判タ660・203）。

第3章　マイクロモビリティに関する責任、保険、トラブル　111

24　盗まれたり行方不明になった場合等の保有者の運行供用者責任は

Q　私は、近くのお店に行くときに電動キックボードに乗って行き、買い物中は路上に駐車していました。今まで盗まれたこともなかったですし、すぐに戻ってくるつもりだったので、特に施錠をしませんでした。

　私が、駐車した場所に戻ったら、電動キックボードが盗まれていました。盗んだ犯人はすぐに判明したのですが、道路上で人身事故を起こしてしまったようです。

　事故の原因は盗んだ犯人の過失であり、私は、窃盗の被害者なのに、運行供用者責任を負い、私がかけていた自賠責保険から支払われるのでしょうか。

A　マイクロモビリティを施錠のない状態にして盗まれたようなケースでも、放置していた等保有者に管理の落ち度がある場合には、第三者による運転を容認したと評価されてもやむを得ないと思われ、運行供用者責任を負う場合もあり得ると思われます。

解　説

1　盗まれた場合の保有者の運行供用者責任

　マイクロモビリティの駐車時等に第三者に盗まれ、当該第三者が事故を起こした場合には、保有者は当該事故に関して、運行供用者責任を負わなければならないのでしょうか。

　この場合、当該保有者が客観的に第三者による自動車の運転を容認

112　第3章　マイクロモビリティに関する責任、保険、トラブル

したと見られてもやむを得ない事情があれば、自賠法3条の運行供用者責任を免れられないと考えられています。裁判例では、事案によって判断が分かれています。

　例えば、マイクロモビリティを施錠のない状態にして盗まれたようなケースで、盗難に遭っても放置していた等保有者に管理の落ち度がある場合には、第三者による運転を容認したと評価されてもやむを得ないと思われます。

2　盗難に遭った保有者の立場の場合

　マイクロモビリティが盗難されたり、行方不明になったりした場合には、長期貸出しで戻ってこない場合と同様に、保有者は放置をせず、盗難届を出しておくなどの対応が考えられます（大阪地判昭62・5・29判タ660・203）。

3　盗用運転のマイクロモビリティによる事故の被害者の場合

　盗用運転をした運転者は、使用するのに正当な権原があるものではなく自賠法2条3項にいう保有者ではないものの、直接的な運転支配と運行利益を得ており「自己のために自動車を運行の用に供する者として」自賠法3条の運行供用者責任を負います。

　自賠責保険の契約が適用されるのは、自賠法3条の運行供用者責任が発生する全般ではなく、あくまで、自賠法3条の保有者の損害賠償の責任が発生した場合に限定されています（自賠責保険契約の効力を定めた自賠法11条1項も、自賠法16条の被害者請求も、保有者の損害賠償の責任が発生した場合に限定）。

　そこで、自賠責保険の契約を付保していた保有者に自賠法3条の運行供用者責任が問えない場合には、結果的に、自賠責保険が付保されていないことと同じことになりますので、盗用運転をした運転者に対

第3章 マイクロモビリティに関する責任、保険、トラブル 113

する自賠法3条の運行供用者責任に関しては、被害者は、政府保障事業の損害填補の請求をすることになります（**設問28参照**）。

　この点、盗用運転等で、車両保有者に運行供用者責任が問えるか否か、政府保障事業の対象となるか否かに争いがあり、裁判によって決せなければならない場合、裁判には時間もある程度かかる一方で、事案によりけりで、裁判所の判断次第で、自賠責保険で救済が得られるか、政府保障事業で救済が得られるかにつき結果が変わってしまう可能性があります。

　自賠責保険の請求権は、傷害分は事故時から3年、死亡の場合も死亡時から3年、後遺障害については症状固定日から3年の時効期間があり、時効更新書を提出することで時効が更新されます。政府保障事業の損害填補の請求権の時効期間や起算点も自賠責保険の請求権と同様ですが、必要最低限の補償であり時効の更新は予定されていません。

　保有者への自賠法3条の運行供用者責任の訴えを先行させた場合に、運行供用者責任の有無が争われ、運行供用者責任が認められなかった場合には、運行供用者責任がないと確定したときが政府保障事業の損害填補の請求権の時効期間の起算点と考えられていますが（最判平8・3・5判時1567・96）、盗用運転のマイクロモビリティによって事故に遭った被害者の立場で、車両保有者の運行供用者責任の有無に争いがあるようなケースで訴訟をする場合には、保有者に対する運行供用者責任と、国に対する政府保障事業の損害填補の請求とを行い、同時審判申出（民訴41）をしておくことも、訴訟の時間を考えるとよいかもしれません。

114　第3章　マイクロモビリティに関する責任、保険、トラブル

コラム12

○マイクロモビリティの盗難対策

　シェアリング等がされているマイクロモビリティは、電子施錠されているケースが多いと思われますが、他方で、市販のマイクロモビリティに関しては、通常の仕様では、普通自動車や原動機付自転車とは異なり、電子施錠や鍵を差し込んで電源を入れるなどの装置が付いておらず、電源ボタンを押してアクセルを操作すれば、誰でも簡単に使用できてしまう機種も多いと思われます。

　マイクロモビリティを駐車する際には、基本的には、施錠している屋内に保管するのが安全です。

　外出時にマイクロモビリティを外部で駐車する際には、所定の駐車スペースを利用するのが良いと思われます。マイクロモビリティ専用の駐車スペースというのは、そこまで普及していないからか、シェアリング以外には余り目にしないですが、マイクロモビリティは、基本的には原動機付自転車のため、原動機付自転車用の駐車スペース若しくは、管理者の許諾があれば自転車用スペースに駐車することも考えられます。

　その際は、マイクロモビリティのタイヤ部分等に施錠をしたり、マイクロモビリティを駐車スペースの固定したものにくくり付けて物理的に車体を動かせないようにすることが考えられます。マイクロモビリティは、いずれも軽くて持ち運びも容易なので、盗難に遭いやすいといえます。マイクロモビリティの保有者は、盗難に遭いやすいという特性を踏まえた上で、マイクロモビリティの盗難対策を行い、管理をしておかなければなりません。盗難車両が事故を起こした場合の車両の保有者の責任や、被害者が責任追及する場合については、設問24を参考にしてください。

第3章　マイクロモビリティに関する責任、保険、トラブル　115

25　マイクロモビリティを押し歩き中の運行供用者責任は

Q　私は、歩道で信号待ちをしていたところ、突然、電動キックボードに衝突されました。

私との衝突時に、電動キックボードの原動機は作動しておらず運転者がハンドルを握って押し歩きをしており、信号が青になったら車道に出ようとしていたようです。

電動キックボードの運転者兼保有者は、自賠責保険の付保はあるようですが、任意保険には加入しておらず、資力には不安があり、私は、取り急ぎ、自賠責保険への請求を検討しています。

しかし、電動キックボードの運転者兼保有者は、「衝突時に原動機を作動させていないので、自分は歩行者と同じだ」と言っており、「自賠責保険の運行供用者責任を負わず、自賠責保険は使えない」と言ってきたのですが、そうなのでしょうか。

A　マイクロモビリティを押し歩いているとき、道路交通法上は、歩行者として扱われますが、道路運送車両法上は、車両区分は変わりません。

マイクロモビリティを原動機を使用せずに、押し歩きをしている場合でも、走行装置であるハンドルやブレーキ等の装置を操作して動かしているわけですから、自賠法2条2項にいう「自動車を当該装置の用い方に従い用いること」に当たり「運行」しているとして、保有者は、自賠法3条の運行供用者責任を負うと考えられます。

116　第3章　マイクロモビリティに関する責任、保険、トラブル

解　説

1　マイクロモビリティを押し歩きする場合の道路交通法上の取扱い

　マイクロモビリティは、道路交通法上、一般原動機付自転車、特定小型原動機付自転車、普通自動二輪車、大型自動二輪車のいずれかに該当すると思われますが（設問8・10参照）、道路交通法2条3項2号では、これらの車種を押して歩いている者を、道路交通法上は歩行者とすると規定しています。

　歩道でマイクロモビリティを押し歩きしているときなどは、歩行者としての道路交通法上の交通ルールを守ることになります。

2　マイクロモビリティを押し歩きする場合の道路運送車両法の取扱い

　マイクロモビリティは、道路運送車両法上は、原動機付自転車若しくは自動車であり、ペダル付原動機付自転車のペダル漕ぎのときと同じく、マイクロモビリティを押し歩きしていても、当該マイクロモビリティの道路運送車両法上の車両区分は変わりません（設問18参照）。

3　自賠法2条2項の「運行」

　それでは、マイクロモビリティを押し歩きしている場合が、自賠法における「運行」として自賠法2条2項にいう「自動車を当該装置の用い方に従い用いる」場合に該当するのでしょうか。

　設問18でも解説をしていますが、自賠法2条2項にいう「自動車を当該装置の用い方に従い用いる」の解釈としては、原動機の作用によって自動車を移動させることとする原動機説、原動機装置の他にハンドルやブレーキなどの装置を操作しながら走行する走行装置説、走行装

第3章　マイクロモビリティに関する責任、保険、トラブル　　117

置のみならずクレーン車やフォークリフト等のクレーンやフォーク等特殊自動車の固有の装置を目的に従って使用することをいうとする固有装置説等があり、最高裁昭和52年11月24日判決（判時872・78）は、固有装置説を採用しています。

4　マイクロモビリティの押し歩きでの自賠法3条の責任

　自賠法の運行につき、原動機の作用により自動車を移動させることのみならず、走行装置を操作しながら走行することも含むとする走行装置説や、車両に固有の装置をその目的に従って使用する場合も含むと解する固有装置説に照らせば、マイクロモビリティを原動機を使用せずに、押し歩きをしている場合でも、走行装置ないし車両に固有の装置であるハンドルやブレーキ等の装置を操作して動かしているわけですから、自賠法2条2項にいう「自動車を当該装置の用い方に従い用いること」であり、「運行」に当たるとして、保有者は、自賠法3条の運行供用者責任を負うと考えられます。

118　第3章　マイクロモビリティに関する責任、保険、トラブル

26　マイクロモビリティの駐停車中に起きた事故の運行供用者責任は

Q 　私が経営する店の前にある敷地内に、見知らぬペダル付原動機付自転車が駐車されていました。ペダル付原動機付自転車は電源が入っていませんでした。

　私は、店に出入りするお客様の邪魔なので、駐車されていたペダル付原動機付自転車を移動させようとしたところ、ペダル付原動機付自転車は意外と重くて私はバランスを崩し、ペダル付原動機付自転車ごと転んでしまいました。その際、私の足にペダル付原動機付自転車が当たって捻挫しました。

　その後、ペダル付原動機付自転車を駐車した保有者が判明しました。隣の店に入るために数分駐車したようです。ペダル付原動機付自転車には任意保険はかけられておらず、自賠責保険しか付保がありませんでした。ペダル付原動機付自転車を駐車していた保有者の資力が乏しいようなので、私は自賠責保険の請求を検討していますが、駐停車中に起きた事故で請求できるのでしょうか。

A 　駐停車中のマイクロモビリティに関して考えられる事故としては、狭い歩道上などに駐停車しているマイクロモビリティを避けようとした歩行者や自転車の運転者に生じた事故や、駐停車中のマイクロモビリティを移動させようとして生じた事故などが考えられます。

　駐停車の目的や態様、走行行為と駐停車における時間や場所の関連性等により運行起因性が認められる場合もありますが、必ずしも認められるともいえず、個別の事案によると思われます。

第 3 章　マイクロモビリティに関する責任、保険、トラブル　　119

解　説

1　マイクロモビリティの駐車に関する問題

　マイクロモビリティは、比較的小さく、駐車に場所を取らない反面、歩道上など所定の駐車スペース以外に駐車されるケースもあり、他の人の通行等の邪魔をすることがあります。

　フランスのパリ市では、電動キックボードによる事故に加え、電動キックボードの路上での放置などの問題が生じたことも原因で、シェアリングやレンタル事業による電動キックボードが禁止されました。

2　駐停車中のマイクロモビリティに関して考えられる事故

　駐停車中のマイクロモビリティに関して考えられる事故としては、駐停車しているマイクロモビリティを避けようとした歩行者や自転車の運転者に生じた事故や、駐停車中のマイクロモビリティを移動させようとして生じた事故などが考えられます。

　コラム12 にも記載したように、マイクロモビリティは、基本的には原動機付自転車のため、原動機付自転車用の駐車スペース、若しくは管理者の許諾があれば自転車用スペースに駐車することも考えられます。

　しかし、マイクロモビリティを駐停車禁止の場所ないし駐車禁止の場所（道交44・45）に駐停車した場合には、駐停車違反になり、また私的な管理スペースに管理者の許諾がないまま駐停車して占有していたようなケースでは、駐停車違反の車両の存在と被害者の受傷と相当因果関係がある場合には、車両の所有使用管理に過失があるとして、不法行為責任が問われる可能性があり、また、マイクロモビリティを許容する駐停車スペース以外の場所に駐停車した場合にも、不法行為責任を負うことが考えられます。このような場合、当該車両に任意保険

120　第3章　マイクロモビリティに関する責任、保険、トラブル

が付保されていれば、所有使用管理に過失があるとして、任意保険の
対象になると考えられます。

3　駐停車車両による事故と自賠法3条の運行供用者責任

　それでは、駐停車車両による事故では、当該駐停車車両に関して自
賠法3条の運行供用者責任を問えるのでしょうか。

　設問18・25で記載したように、判例は固有装置説に立っていると解
されており（最判昭52・11・24判時872・78）、駐停車をしている車両の運行
供用者責任についても、駐停車しているというだけで運行に該当しな
いというわけではありません。

　裁判例は、事案によって運行起因性を肯定する場合も否定する場合
もあります。

　マイクロモビリティの駐停車中による事故でも、駐停車の目的や態
様、走行行為と駐停車における時間や場所の関連性等によって、自賠
法3条の運行起因性が認められる場合も、逆に否定される場合もある
と思われ、個別の事案によると思われます。

第3章　マイクロモビリティに関する責任、保険、トラブル　　121

27　マイクロモビリティを被害車両とする非接触事故についての問題点は

Q　私が電動キックボードを運転して車道を走り信号のない交差点に差し掛かろうとしたとき、急に交差する狭い道路から自動車が飛び出してきました。

　私は、驚いて、急ブレーキを掛けました。幸い自動車とは接触も衝突もしませんでしたが、私は電動キックボードから転落して、怪我をしてしまいました。

　いわゆる非接触事故ですが、私は、相手の自動車の運転者や保有者に対して責任を問えるのでしょうか。

A　マイクロモビリティは、安定性が必ずしもあるわけではなく、急ブレーキを掛けた場合には車体や運転者のバランスが保てず、転倒するリスクが少なからずあります。

　車両と直接の接触や衝突がないからといって責任が生じないというわけではなく、当該車両の運行と被害者との受傷との間に相当因果関係がある場合には自賠法3条における運行起因性が認められると解されており、マイクロモビリティの非接触事故の場合には、マイクロモビリティの特性も踏まえて、相当因果関係の有無が検討されると考えられます。

解　説

1　マイクロモビリティで転倒するリスク

　マイクロモビリティは、設問2〜4に記載のとおり、いずれの機種も安定性が必ずしもあるわけではなく、急ブレーキを掛けた場合には車体や運転者のバランスが保てず、転倒するリスクが少なからずあるといえます。

2 不法行為責任における相当因果関係、自賠法3条の運行起因性

　自賠法3条における運行供用者責任には、「その運行によって」という要件、すなわち運行起因性が必要とされています。

　この点、マイクロモビリティに限らず、自動車や原動機付自転車でも、非接触事故の場合において、運行供用者責任や不法行為責任が生じるのかは、被害者側でも加害者側でも悩まれるようで、交通事故の相談の現場ではよく聞かれるケースです。

　この点について、軽二輪と歩行者の非接触事故に関して不法行為責任が問われた事案で、原審の仙台高裁判決では、軽二輪車が上告人に直接衝突した事実が認められないとの理由のみで、軽二輪の運転者になんらの責任もないとした判断につき、最高裁は破棄し「不法行為において、車両の運行と歩行者の受傷との間に相当因果関係があるとされる場合は、車両が被害者に直接接触したり、または車両が衝突した物体等がさらに被害者に接触したりするときが普通であるが、これに限られるものではなく、このような接触がないときであっても、車両の運行が被害者の予測を裏切るような常軌を逸したものであって、歩行者がこれによって危難を避けるべき方法を見失い転倒して受傷するなど、衝突にも比すべき事態によって傷害が生じた場合には、その運行と歩行者の受傷との間に相当因果関係を認めるのが相当である」として、被害者が、「予測に反し、軽二輪車が突進して来たため、驚きのあまり危難を避けるべき方法を見失い、もし、現場の足場が悪かったとすれば、これも加わって、その場に転倒したとみる余地もないわけではない。」として、被害者の受傷は、非接触の「軽二輪車の運行によって生じたものというべきである」と判示しています（最判昭47・5・30判時668・48）。

　このように、車両と直接の接触や衝突がないからといって責任が生じないというわけではなく、当該車両の運行と被害者との受傷との間

に相当因果関係がある場合には、被害者の受傷は当該車両の運行によって生じたものとして、自賠法3条における運行起因性も認められると解されています。

例えば、相手方の車両の運行に過失があり、当該車両との接触や衝突を回避するために被害者が行った回避行為によって、直接の接触や衝突は避けられ非接触ではあったものの、被害者が回避行為をするなかで受傷したような場合には、相手方車両の運行と被害者の受傷との間には相当因果関係があり不法行為責任が認められるとともに、自賠法3条における運行起因性も認められると考えられます。

3　マイクロモビリティの特性を踏まえた検討

通常の二輪はすぐには止まれない特性があり、これは、マイクロモビリティにも通じます。

さらに、マイクロモビリティの特性としては、上記のとおり走行が不安定になりがちです。だからといって、そのような特性のあるマイクロモビリティに乗っていたのだから悪いというわけではありません。マイクロモビリティでの道路上での走行が社会で許容される時代になり、マイクロモビリティによる交通事故が加害者側としても被害者側としても発生する可能性が増えました。非接触事故の場合には、マイクロモビリティの特性をも踏まえて、どのような経緯で事故に至ったのか、車両の運行と受傷との間に相当因果関係があるか否か検討されるべきといえます。

もちろん、マイクロモビリティに乗っていた運転者に、道路交通法上の車両区分ごとに求められる交通ルールの違反がある、努力義務とはいえヘルメットをかぶっておらず損害が拡大した、被害を受けたマイクロモビリティは道路を走行するのに必要な国の定める保安基準に適合した構造や保安装置になっていなかった等の事情がある場合には、相応の過失相殺をすることが考えられます（第4章参照）。

28　自賠責保険の付保がないマイクロモビリティの道路上事故の政府保障事業の適用は

　私が歩車道の区別のない道路を歩いているとき、後ろから、電動キックボードに追突されました。

　この電動キックボードは、自賠責保険が付保されていませんでした。

　私は、政府保障事業の対象ではないかと思い、示談交渉の際に保有者にその旨伝えたところ、保有者は、国からの求償を嫌がっているのか「電動キックボードが原動機付自転車には形式的に当たるとしても、自分のものは保安基準や安全装置が不十分で道路上での使用ができないのだから、道路で乗っていて事故を起こしたとしても、政府保障事業の対象ではない。政府からの求償の責任も負わない。」と言っていました。

　運転者を含め保有者らには、被害弁償をするような資力がなく、私は困っています。

　保安基準や安全装置が不十分なマイクロモビリティは、道路上で事故を起こしても、政府保障事業の対象にならないのでしょうか。

　マイクロモビリティは、道路運送車両法上、原動機付自転車若しくは自動車に該当し、自賠法3条の適用があります。

　道路の走行を予定しているマイクロモビリティは、政府保障事業の対象になります。

　また、道路を運行するのに必要な保安基準や安全装置が不十分で自賠責保険の付保のないマイクロモビリティが事故を起こした場所が道路上である場合には、政府保障事業の対象と解されます。

第3章　マイクロモビリティに関する責任、保険、トラブル　125

解　説

1　道路の走行を予定しているマイクロモビリティの場合

　マイクロモビリティは、道路運送車両法では、原動機付自転車若しくは自動車に該当し、自賠法3条の適用があります。

　そこで、道路上の走行を予定している道路上を運行するのに必要な保安基準や安全装置が十分備わっているマイクロモビリティは、自賠責保険に加入がない場合に、自賠法72条1項2号に規定する政府の自動車損害賠償保障事業の適用（政府保障事業）の対象になるのは当然です。

2　問題の所在

　では、道路を運行するのに必要な保安基準や安全装置が不十分で自賠責保険の付保のないマイクロモビリティでも、政府保障事業の対象になるのでしょうか。

　この点、政府保障事業を定めた自賠法72条1項2号は、自賠責保険が付保されていない車両に関しての規定です。これによれば、「責任保険の被保険者及び責任共済の被共済者以外の者が、第3条の規定によって損害賠償の責に任ずる場合（その責任が第10条に規定する自動車の運行によって生ずる場合を除く。）」に適用があるとされており、括弧書きで、自賠法10条に規定する自動車、すなわち、構内自動車など自賠責保険の付保が強制されない自動車の運行によって生ずる場合を除くとされています。

　このように、道路の運行を予定していない構内自動車の場合には、政府保障事業の対象から除かれるような記載となっているので問題となります。

126　第3章　マイクロモビリティに関する責任、保険、トラブル

3　自賠責保険の付保のない構内自動車が道路上で事故を起こした場合の政府保障事業の適用

　この点、参考になるのが、最高裁平成5年3月16日判決（判時1462・99）です。この事案は、私人が経営する鈑金工場内でのみ使用されていたフォークリフト（構内自動車）を、私人の子の友人らが運転し、工場外の道路上で起こした事故につき、保有者である私人にもフォークリフトの保有者としての自賠法3条の運行供用者責任が肯定されるにしても、同法10条にいう「道路……以外の場所のみにおいて運行の用に供する自動車」がその本来の用途から外れて道路上を走行中に起こした事故は、同法71条の政府保障事業の対象になるか否かが問題となった事案です。

　最高裁は、自賠法10条にいう「道路……以外の場所のみにおいて運行の用に供する自動車がその本来の用途から外れて道路上を走行中に事故が発生し、……自賠法3条の規定による損害賠償責任が生ずる場合には、右事故につき、自賠法71条に規定する政府の自動車損害賠償保障事業の適用を受けると解するのが相当である」とし、構内自動車が道路上で事故を起こした場合には、政府保障事業の対象であることを肯定しました。

4　保安基準や安全装置が不十分で自賠責保険の付保されていないマイクロモビリティが道路上で事故を起こした場合の政府保障事業の適用

　それでは、道路を運行するのに必要な保安基準や安全装置が不十分なマイクロモビリティへの、政府保障事業の適用はどのように考えればよいでしょうか。

　先ほどの最高裁平成5年3月16日判決に照らすと、道路を運行するのに必要な保安基準や安全装置が不十分で、本来なら道路上での走行が

第3章　マイクロモビリティに関する責任、保険、トラブル　127

できないはずのマイクロモビリティであっても、道路上で事故を起こした場合には、政府保障事業の対象と解されます。

　実際、筆者が担当した交通事故事案でも、保安基準や安全装置が不十分で自賠責保険の付保がないマイクロモビリティの道路上の事故につき、政府保障事業の適用があり、国から政府保障事業の所定の支払がなされています（千葉地判令3・7・28（令2(ワ)1920））。

　自賠責保険に入っていないマイクロモビリティによって事故に遭った被害者にとって、政府保障事業の対象となるか否かは、非常に重要です。道路を走行するのに保安基準や安全装置が不十分なマイクロモビリティによって、道路上で交通事故に遭ったものの、当該マイクロモビリティが自賠責保険の加入がない場合には、被害者は、政府保障事業の手続をすることを検討してください。

　本書では、ケースごとに自賠法3条の運行供用者責任が生じるか否かを繰り返し検討していますが、それはひとえに、自賠法の適用があれば、仮に事故を起こしたマイクロモビリティが無保険車両でも、道路上の事故であれば政府保障事業だけでも利用できる可能性があるためであり、マイクロモビリティの被害者救済に少しでも役に立つことができれば、という点に尽きます。

　保安基準や安全装置が不十分で自賠責保険の付保されていないマイクロモビリティの道路外での事故に関する政府保障事業の適用の限界については、設問29で解説します。

5　被害者側の人身傷害保険や無保険車傷害保険の検討

　マイクロモビリティは、自動車か原動機付自転車に該当し交通乗用具ではありません。そこで、被害者側が加入する自動車保険のうち人身傷害保険の車外事故特約や無保険車傷害保険によって損害がいくらか補償されるケースもあります。

被害者自身が任意保険の記名被保険者になっていなくても、配偶者や同居の親族の任意保険の被保険者となっていて、使える場合があります。また、被害者が未婚の子の場合には、事故時に被害者が親と別居していても（仮に親が離婚していたとしても）、約款上は被保険者となっていることが多いと思われます。法律相談中に、被害者が知らないうちに実は被保険者になっており、人身傷害保険が使え、さらには弁護士費用特約まで使えると判明することも多々あります。

相手方車両に自賠責保険や任意保険の付保がない場合には、被害者側で加入する任意保険で使えるものがないかを検討することも重要です。

第3章　マイクロモビリティに関する責任、保険、トラブル　　129

コラム13

○政府保障事業の請求の仕方、異議申立ての仕方

　無保険事故や保有者が分からない場合に政府保障事業の請求をする場合はどのような手続をしていくのでしょうか。

　国土交通省では、請求の受付窓口をHPに記載しています。政府保障事業の請求を予定している被害者は、受付窓口となっている保険会社や連絡先を国土交通省のHPで確認します。受付窓口となっている保険会社のいずれかに連絡をし、政府保障事業の請求に必要な手続書類を手に入れることになります。書類を整えた上で、受付窓口となっている保険会社に提出をします。

　政府保障事業は国（国土交通省）が運営していますが、実際の運用は、損害填補額の決定以外の業務（損害調査、支払等）を保険会社に委託しており、調査業務は損害保険料率算出機構に再委託しています。

　被害者が政府保障事業の決定に異議がある場合には、国土交通大臣に対して異議申立ての手続を行うことができます。なお、異議申立ての手続は、自賠法75条の規定により、事故発生日（後遺障害による損害については症状固定日、死亡による損害については死亡した日）から3年を経過したときには、時効によって消滅します。

　自賠責保険とは異なり、紛争処理機構に対する異議申立てはできません。

　異議申立ての決定に不服の場合は、国（代表者は法務大臣）に対して、損害填補金請求訴訟をすることになります（民事訴訟）。

130　第3章　マイクロモビリティに関する責任、保険、トラブル

29　自賠責保険の付保がないマイクロモビリティの道路外事故の政府保障事業の適用は

　私が公園で子どもを遊ばせていたところ、子どもに、電動キックボードが衝突しました。
　この電動キックボードには、自賠責保険が付保されていませんでした。
　電動キックボードの運転者兼保有者には資力がなく、私は、政府保障事業の請求をしようと思っています。
　保安基準や安全装置が不十分なマイクロモビリティは、道路外で事故を起こした場合でも、政府保障事業の対象になるのでしょうか。

　道路の走行を予定しているマイクロモビリティは、道路外の事故でも政府保障事業の対象になり得ると解されます。
　一方、道路を運行するのに必要な保安基準や安全装置が不十分なマイクロモビリティでは、道路外で事故を起こした場合には、政府保障事業の対象にはならないと解されます。

解　説
1　道路の走行を予定しているマイクロモビリティ
　まず、道路の走行を予定している保安基準や安全装置が整えられているマイクロモビリティは、自賠責保険に加入がない場合に、道路外の事故でも、政府保障事業の対象になり得ると解されます。

第3章 マイクロモビリティに関する責任、保険、トラブル 131

2 保安基準や安全装置が不十分なマイクロモビリティの場合の問題点と運行供用者責任

では、道路を運行するのに必要な保安基準や安全装置が不十分なマイクロモビリティが、道路外の例えば私有地の広場や公園で運行されている際に事故を起こした場合、マイクロモビリティの保有者は自賠法3条の運行供用者責任を負い、政府保障事業の対象になるのでしょうか。

まず、**設問14**で詳述したように、保安基準や安全装置が備わっていないマイクロモビリティの場合で、道路での運行を予定しておらず自賠法の強制加入の対象の機種でなくても、形式的に道路運送車両法上の「自動車」や「原動機付自転車」に該当する場合には、自賠法3条の運行供用者責任を負うと解されます。

そこで、私有地の広場や公園で運行されている際に被害を受けた者は、保有者に対して自賠法3条の運行供用者責任を問えると考えられます。

3 保安基準や安全装置が不十分なマイクロモビリティが道路外事故を起こした場合の政府保障事業の適用

自賠法3条の運行供用者責任が認められるとして、次に道路外事故の場合に政府保障事業が使えるかという点が問題となります。

政府保障事業を定めた自賠法72条1項2号では、「責任保険の被保険者及び責任共済の被共済者以外の者が、第3条の規定によって損害賠償の責に任ずる場合（その責任が第10条に規定する自動車の運行によって生ずる場合を除く。）」に適用があるとされており、自賠法10条に規定する自動車、すなわち、構内自動車など自賠責保険の付保が強制されない自動車の運行によって生ずる場合を除くとされています。構内自動車が道路上で事故を起こした場合には、**設問28**で説明したように、最高裁は、自賠法10条にいう「道路……以外の場所のみにおいて運行の用に供する自動車がその本来の用途から外れて道路上を走行中

に事故が発生し、……自賠法3条の規定による損害賠償責任が生ずる場合には、右事故につき、自賠法71条に規定する政府の自動車損害賠償保障事業の適用を受けると解するのが相当である」とし、構内自動車が道路上で事故を起こした場合には、政府保障事業の対象であることを肯定しています（最判平5・3・16判時1462・99）。

しかし、自賠法72条1項2号では、自賠法10条に規定する自動車の運行によって生ずる場合を除くとされ、構内自動車の場合には政府保障事業から除かれる建前となっています。そのことからすると、道路外で使用される予定のない車両が、文字どおり道路外で運行されていたのであれば、その運行によって被害が生じたとしても本来の用途の範囲内の事故であるといえます。そうすると、自賠法72条1項2号の括弧書きそのものに該当し、運行供用者に帰属する責任につき、政府保障事業によって肩代わりして被害者を救済しなければならないという要請は働きにくいといえます。

このように、道路を運行するのに必要な保安基準や安全装置が不十分なマイクロモビリティが、私有地の広場や公園で運行されている際に事故を起こした場合には、政府保障事業の適用はないと解されます（前掲最判平5・3・16）。

なお、自賠法10条に規定する自賠責保険の適用除外となる道路とは、道路法による道路、道路運送法による自動車道及びその他の一般交通の用に供する以外の場所です（設問12参照）。一見構内のようでも、自賠責保険の対象となる道路に該当するか否かは検討する必要があります。

4　被害者側の人身傷害保険や無保険車傷害保険の検討

設問28と同様に、このような事件の場合、被害者側の人身傷害保険の車外事故特約や無保険車傷害保険で使えるものがないか検討することも重要です。

第3章　マイクロモビリティに関する責任、保険、トラブル　133

コラム14

○マイクロモビリティによるひき逃げ事故に遭った場合

　マイクロモビリティによって事故に遭った後、そのマイクロモビリティの運転者がその場から逃げてしまった場合、被害者はどのような手続をしていくのでしょうか。

　マイクロモビリティの運転者が道路交通法72条1項の救護義務や報告義務を怠って逃げてしまうケースでは、まず、被害者は、事故現場の管轄の警察に交通事故の被害の届出をして、捜査をしてもらう必要があります。

　捜査の過程で、事故を起こした運転者や車両保有者が判明する場合もあります。しかし、判明せず、自動車の保有者が明らかでない場合には、自賠法72条1項1号に基づき、政府保障事業の対象となります。

　ひき逃げ事故の場合、自賠法72条1項2号のように、自賠法10条に規定する自動車の適用除外についての定めはありません。もともと、通常の自動車だと、車両保有者が分からなければ、当該車両が自賠法10条に規定する自動車の運行なのかも分からないというのがあったと思いますが、マイクロモビリティの場合、保有者が分からなくとも、形状からして道路を走行できない車両であることは把握できることもあり得ると思われます。その場合でも、ひき逃げ事故の場合には、自賠法72条1項1号の条文上は、政府保障事業の対象になると思われます。

134　第3章　マイクロモビリティに関する責任、保険、トラブル

30　マイクロモビリティに適用される任意保険としてはどのようなものがあるか

> **Q**　電動キックボードを購入しました。購入した時に、自賠責保険には加入をしましたが、電動キックボードに乗っている時に、他の車両や人に衝突して損害を与えてしまった場合に使える任意保険にも入っておきたいと思っています。
>
> 　また、電動キックボードは不安定なので、万一に備えて、自分が怪我をしてしまった時にも使える任意保険にも加入したいと思っています。
>
> 　マイクロモビリティに適用される任意保険としてはどのようなものがあるのでしょうか。

> **A**　マイクロモビリティは、道路運送車両法上の「自動車」、「原動機付自転車」に該当しますので、基本的には、従前の原動機付自転車・二輪用の任意保険に加入ができます。
>
> 　マイクロモビリティは、現在のところ、ファミリーバイク特約の対象にもなっています。
>
> 　マイクロモビリティが道路外の運行を予定しており、自賠責保険に加入がない場合には、自賠責保険分を填補する特約がない限りは、自賠責保険が支払われる額の分を差し引いて保険金が支払われる場合があるので、注意が必要です。

解　説

1　対人保険、対物保険、人身傷害保険

　マイクロモビリティは、道路運送車両法上の「自動車」（二輪の軽自

動車、二輪の小型自動車）、「原動機付自転車」に該当します。

　そこで、当該マイクロモビリティにつき、基本的には、従前からある各保険会社の原動機付自転車・二輪用の任意保険（対人保険、対物保険、人身傷害保険）に加入ができます。

　なお、任意保険に入っていても、自賠責保険に入っていない場合や期限が切れていて使用できない場合には、自賠責保険が支払われる額の分が差し引かれます（設問28・29参照。被害者は、政府保障事業の填補請求を検討します。）。

2　ファミリーバイク特約

　マイクロモビリティは、現在のところ、自家用の任意保険に附帯するファミリーバイク特約の対象にもなっています。

　ファミリーバイク特約とは、一般的に、自家用の自動車や二輪（二輪の軽自動車、二輪の小型自動車）を保有している場合に、当該任意保険に附帯する特約です。ファミリーバイク特約の被保険者は、記名被保険者だけでなく、記名被保険者の配偶者や同居の家族、未婚の子になっており、車両区分としては道路運送車両法上の原動機付自転車（第一種原動機付自転車、第二種原動機付自転車）が対象となっています（道路交通法でいえば、一般原動機付自転車、特定小型原動機付自転車、普通自動二輪車のうち0.60kW超～1.00kW以下の小型二輪車）。

　被保険者が保有する原動機付自転車だけでなく、他人から借りていた原動機付自転車に関して被保険者が損害賠償を負担する事故も対象になります。ファミリーバイク特約では、具体的な車両の特定が必要ないため、結果的に、特定車両を対象とする自賠責保険や被保険車両の特定が必要な原動機付自転車・二輪用の任意保険よりも対象が広いことになります。

136　第3章　マイクロモビリティに関する責任、保険、トラブル

　しかも、現時点では、ファミリーバイク特約はノーカウント事故とされ、保険を使用しても、保険料の等級は下がりません。

　例えば、両親が離婚した母子家庭の未婚の子が友達から借りたマイクロモビリティ（原動機付自転車）の事故を起こしてしまい、当該車両は任意保険に入っておらず母子ともに損害賠償金の支払をどうしようかと困っていたが、疎遠だった別居の父親に連絡をして確認したところ、父親が偶然にも自家用車のファミリーバイク特約に入っていたような場合には、任意保険が使えるという結果になることもあります。

　被害者側としても、事故を起こしたマイクロモビリティに関して任意保険がないかを検討するに当たり、ファミリーバイク特約の対象になっていないかについて、運転者や保有者ら運行供用者責任を負う者に対して、掘り起こして確認をすることが重要です（コラム15 参照）。

3　構内専用車の施設賠償責任保険の構内専用車危険補償特約

　マイクロモビリティが道路外の運行を予定しており、構内専用車の場合には、どのような保険があるのでしょうか。

　まず、施設賠償責任保険では基本的には自動車や原動機付自転車の事故は賠償責任保険の対象外として免責となります。しかし、施設賠償責任保険に「構内専用車危険補償特約」を付けることで、保険証券に記載された構内専用車であれば、免責にはならず保険金が支払われます。もっとも、施設賠償責任保険は、あくまで、施設に関する賠償責任保険であるため、「構内専用車危険補償特約」を付けていても、構内専用車を一般道路上で運行中の事故は免責になっており、自賠責保険の契約を締結すべき若しくは締結されているときには自賠責保険で支払われる分は払わないと規定されている場合もありますので、被保険者の想定している運行や事故類型に対応する保険の内容になっているのかにつき、契約する際には注意が必要です。

第3章　マイクロモビリティに関する責任、保険、トラブル　　137

4　構内専用車の原動機付自転車・二輪の対人保険における自賠責保険等適用除外車に関する特約

　構内専用車は、自賠法10条と同法5条により自賠責保険の強制加入の義務を負いません。そこで、自賠責保険に加入をしないまま任意保険に加入することが考えられますが、対人保険の加入があっても自賠責保険に加入がない場合には、自賠責保険が支払われる額の分を差し引いて保険金が支払われるので注意が必要です。よって、構内専用車で、自賠責保険の加入がなく任意保険に入る場合には、構内専用車が自賠責保険に入っていなくても、自賠責保険が支払われる額の分を差し引かれないという「自賠責保険等適用除外車に関する特約」の附帯を検討するなど、契約の際には注意が必要です。

5　個人賠償責任保険、TSマーク付帯保険、玩具安全マーク（STマーク）

　マイクロモビリティは、道路運送車両法上の「自動車」、「原動機付自転車」に該当しますので、個人賠償責任保険、TSマーク付帯保険、玩具安全マーク（STマーク）の対象にはなりません。

　道路交通法上は歩道走行ができるペダル付原動機付自転車や特例特定小型原動機付自転車が歩道走行をしている場合でも、道路運送車両法上の車両区分は、原動機付自転車で変わりません（設問4・18参照）。大手保険会社の中には、個人賠償責任保険の説明に、電動キックボード等のマイクロモビリティについては対象外で、原動機付自転車・二輪の任意保険の対象になるとして、注意を促す会社も出てきています。

138　第3章　マイクロモビリティに関する責任、保険、トラブル

コラム15

○相手方のマイクロモビリティの保険の有無の調査方法

　自賠責保険の有無は、交通事故につき警察に届けている場合には、交通事故証明の記載事項のため、マイクロモビリティの事故か否かにかかわらず、事故当事者の氏名や住所や電話番号と共に、自賠責保険の保険会社や証明書番号が記載されますから、交通事故証明書を取り寄せれば分かる場合があります。交通事故証明書は、当事者等は、最寄りの警察署若しくはインターネット上で取り寄せ手続が可能です。ひき逃げ事故などで交通事故証明書に載らない場合、弁護士会照会や裁判所による調査嘱託でも一般社団法人日本損害保険協会等に対して可能ですが、自賠責保険の有無は当該車両のナンバープレート若しくは車台番号が特定できないと回答が得られないようです。

　任意保険の有無は、まずは、相手方に確認を促すか、相手方の保険会社からの連絡が来るのを待つことになります。それでも埒が明かないときには、一般社団法人日本損害保険協会等に対する弁護士会照会や裁判所による調査嘱託で回答が得られる場合もあります。しかし、保険会社が把握するのは、あくまで、記名被保険者、保険契約者、ナンバープレート若しくは車台番号の情報であり、全ての被保険者の個別の名前までは把握がされていないことに注意が必要です。しかも、道路運送車両法上の原動機付自転車の区分のマイクロモビリティの場合、ファミリーバイク特約の対象になっている可能性もあり（設問30参照）、賠償責任を負う相手方が知らないうちに、被保険者の範囲に含まれているケースもあり得ます。よって、弁護士会照会や裁判所による調査嘱託をする場合には、相手方が被保険者になり得る範囲も見据えて調査をすることが考えられます。

31 加害者側が完全無保険の場合の損害賠償金の回収方法は

 私は、通勤途中で歩道を歩いていたところ、電動立ち乗り二輪ボードに衝突されました。

電動立ち乗り二輪ボードの運転者や保有者などに確認をしましたが、自賠責保険も任意保険も全く入っておらず完全に無保険のようでした。

私は、通勤災害ということで治療費は療養給付、休業分の8割分は休業給付（2割は休業特別給付）を受けることができましたが、慰謝料等相手方に請求可能な損害賠償金はどのように回収をすればよいのでしょうか。

A　被害者側の初期対応としては、当該事故が業務遂行中の業務災害である場合や、出勤や職場から帰宅途中の通勤災害の場合には、労災保険での対応を検討することになります。

被害者が被保険者になっている自動車保険に附帯する人身傷害保険や無保険車傷害保険がないかも確認します。

労災保険や人身傷害保険等が使用できない場合、治療費については、健康保険を使うことを検討します。

労災保険等を使用しても、賄えなかった残損害については、政府保障事業の手続をすることが考えられます。

政府保障事業への損害填補請求手続後もなお、損害が残る場合には、運行供用者責任や不法行為責任を負う相手方への損害賠償請求をすることになります。示談交渉で解決ができない場合には、訴訟による解決を検討することになります。

140　第3章　マイクロモビリティに関する責任、保険、トラブル

解　説

1　被害者側の悩み

　マイクロモビリティの事故に限られませんが、相手方の車両に自賠責保険や任意保険の付保がない場合、若しくは保険の付保が分からない状態の場合、また相手方の車両に任意保険の付保があっても任意保険会社が何らかの事情があって対応をしない場合などは、被害者側としては、治療費の支払等をどうすればよいのか途方に暮れて悩まれる場合も少なくありません。

　被害者側としての初期対応として、どのように進めていけばよいのでしょうか。

2　業務災害、通勤災害の場合

　まず、被害者側の初期対応としては、当該事故が業務遂行中の業務災害である場合や、出勤や職場から帰宅途中の通勤災害の場合には、労災保険での対応を検討することになります。

　労災保険の使用をする場合には勤務先事業所に相談してください。業務災害や通勤災害にもかかわらず勤務先の協力が得られないような事情がある場合には、管轄の労働基準監督署に相談をすることでスムーズに行く場合もあります。

　第三者の行為が原因の事故ですので、後記の健康保険の使用の場合と同じく、第三者行為届の作成及び提出が求められます。

　後遺障害が残った場合で労災適用がある場合には、労災保険での後遺障害の認定を受けてから、後記の政府保障事業の後遺障害の認定を受けることになると思われます。

　なお、相手方に任意保険がある場合でも、業務災害や通勤災害の場合には、事案によっては、労災による手続を先行させる場合があります。

3 被害者側の任意保険の確認

被害者側の初期対応として、被害者が被保険者になっている自動車保険に附帯する人身傷害保険や無保険車傷害保険（以下、「人身傷害保険等」といいます。）がないかも確認します。

人身傷害保険等は、被保険者の範囲が、配偶者、同居の親族、未婚の子となっている場合があります。そこで、相手方のマイクロモビリティの車両区分が道路運送車両法上の原動機付自転車なのか自動車なのかも確認しつつ（ コラム10 参照）、自分が被保険者になり得る範囲の親族に対し、人身傷害保険等の有無や補償の範囲、車外事故特約が付いているかなど、契約している保険会社に確認をしてもらうのがよいでしょう。

また、車両区分などで人身傷害保険等の対象外になっていても、弁護士費用特約の対象にはなっているようなケースも実務上よく経験していますので、何か使える保険がないかを確認することは非常に重要です。

なお、相手方に任意保険がある場合でも、被害者側に人身傷害保険の加入がある場合、例えば被害者側の過失が大きい場合などには、手続の順番として、先に人身傷害保険の請求をしておくことも考えられます。

自動車保険に附帯する人身傷害保険等や弁護士費用特約はノーカウント事故であり、自動車の保険料に関する等級には関係ありません。

また、自動車保険に附帯する人身傷害保険等に限られず、自分が加入、若しくは親族が加入していて自分が被保険者になっている傷害保険や生命保険、共済などで忘れているものがないか、使用できるものがないかを確認することも必要です。

4 健康保険（治療費、傷病手当金）

被害者側の初期対応として、労災保険も使えない、人身傷害保険等も使えないとなった場合、治療費については、国民健康保険を管理する市区町村や、社会保険を管理する協会けんぽ、健康保険組合等（以下、「健康保険組合等」といいます。）に第三者行為届を出して健康保険を使うことを検討します。

健康保険は、風邪など自分の私病のときにも使えるだけでなく、交通事故のように第三者が原因の事故の傷病でも使うことができますが、第三者である運行供用者らが傷病の原因の場合は、その治療費損害は基本的には当該第三者が責任を負うべきものですので、健康保険組合等としては、健康保険負担分につき、当該第三者に代わって立て替えて支払うことになる構図になり、第三者に対して求償権を有し、第三者が負担すべき分につき、被害者の当該第三者に対する損害賠償請求権を代位行使することになります。交通事故で健康保険組合等に第三者行為届を出すのは、健康保険組合等に対して当該傷病が第三者によって引き起こされたことを手続的に知らせ、求償請求がスムーズにできるようにするためです。

また、会社で加入している健康保険組合や協会けんぽの加入時に事故に遭った場合には、休業損害に関して傷病手当金が受けられる場合がありますので、確認が必要です。なお、国民健康保険には傷病手当金の制度はありません。

なお、マイクロモビリティで無保険の単独事故の場合にも、健康保険や傷病手当金がないか等を検討することになります。

5 政府保障事業の手続

被害者側の初期対応として、労災保険等が使えるにしても、自分で

第3章　マイクロモビリティに関する責任、保険、トラブル　　143

支払っている治療費や交通費、慰謝料をはじめ、全ての損害が賄われるわけではありません。

　残損害については、政府保障事業の手続をすることが考えられます。政府保障事業の損害填補請求手続に関しては設問28・29・コラム13を参照してください。

6　相手方への損害賠償請求

　政府保障事業への損害填補請求手続後もなお、損害が残る場合には、運行供用者責任や不法行為責任を負う相手方への損害賠償請求をすることになります。

　示談交渉での解決が困難な場合には、相手方の資力や費用対効果も考えつつ、訴訟による解決を選択することもあり得るでしょう。

7　強制執行手続

　交通事故訴訟の場合、訴訟中に和解で終わる場合が多々ありますが、判決になった場合で相手方から任意に履行がない場合には、判決を債務名義として、債権執行や不動産執行、動産執行などの強制執行手続を検討することになります。

　弁護士会照会に加え、2020年4月施行の改正民事執行法で、第三者からの情報取得手続ができるようになり、金融機関等に対して預貯金等の有無について情報取得をすることも考えられます。

　また、交通事故の被害者の有する債権は生命身体の侵害による損害賠償請求ですから、判決等の債務名義をもとに財産開示手続をした上で、就業先に関して情報取得手続ができますので、それらの手続を駆使して債権回収をしていくことになります。

144 第3章 マイクロモビリティに関する責任、保険、トラブル

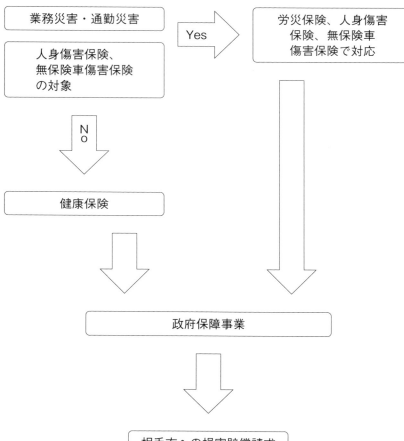

第 4 章

過失相殺

146

第4章　過失相殺　　147

○事故態様図のイラスト一覧

人	
特例特定小型原動機付自転車の歩道走行モード	緑点滅
特定小型原動機付自転車、特例特定小型原動付自転車の車道走行モード	
普通自転車	
一般原動機付自転車、普通自動二輪車、大型自動二輪車、特定小型原動機付自転車以外のマイクロモビリティ	
自動車	
普通自転車等及び歩行者等専用の道路標識	
特例特定小型原動機付自転車・普通自転車歩道通行可の道路標示	
特定小型原動機付自転車・自転車専用の道路標識	
普通自転車専用通行帯の道路標識	
違反	

32 マイクロモビリティの過失相殺の考え方は

Q マイクロモビリティの過失相殺は、どのように考えればよいのでしょうか。

A マイクロモビリティの事故は、相対的にはいまだ事故の件数自体が少なく基準化するのは時期尚早とも考えられるところですが、今後は事故が増えていくことが考えられます。単に過失相殺率だけでなく、マイクロモビリティによって発生し得る事故類型についても整理が必要と考えられます。

解 説

1 過失相殺の考え方

債務不履行責任における過失相殺の民法418条の規定では「債務の不履行又はこれによる損害の発生若しくは拡大に関して債権者に過失があったときは、裁判所は、これを考慮して、損害賠償の責任及びその額を定める」として、裁判所は責任及び額について必ず考慮することが定められています。しかし、これとは異なり、交通事故のような不法行為責任においては、民法722条2項で「被害者に過失があったときは、裁判所は、これを考慮して、損害賠償の額を定めることができる」とされています。

不法行為において被害者の過失を斟酌するか否かは、裁判所の自由裁量とされており（最判昭34・11・26民集13・12・1562）、かつ裁判所は、賠償義務者の主張を要せず職権で斟酌できるとされています（大判昭3・8・1民集7・648）。

もっとも、交通事故における過失相殺率においては、大まかな事故

態様により類型化され、基本的な基準や修正要素等の考え方が示されており、実務上は多くの事案で参考にされています（東京地裁民事交通訴訟研究会編『別冊判例タイムズ38　民事交通訴訟における過失相殺率の認定基準〔全訂5版〕』（判例タイムズ社、2014）、公益財団法人日弁連交通事故相談センター東京支部『民事交通事故訴訟　損害賠償額算定基準〔2024年（令和6年）版〕』）。交通事故の場合は、当事者が守るべき交通ルールや負うべき注意義務の内容は法令により細かく定められ根拠が明らかであり、かつ道路状況や事故態様により類型化しやすく、事件処理の迅速性の要請もあって、過失相殺につき研究され、整理されてきたものといえます。

2　マイクロモビリティの事故の過失を基礎付ける法令

　過失相殺は、当事者に課せられた注意義務の内容や違反の程度の比較により定められる考え方（相対説）、被害者の過失の軽重を重視して定められる考え方（絶対説）があります。

　本書は基本的に相対説をベースに考えており、交通事故の場合、過失、すなわち、当事者に課せられた注意義務の内容を基礎付ける法令として最も重要になるのは、道路交通法と考えられます。

　この点、今までの自動車や二輪であれば、車検対象外の二輪は別として、道路運送車両法上の保安基準に適合した構造や保安装置が備えてある機種がほとんどであったと思われます。

　しかし、現時点のマイクロモビリティの場合には、必ずしも、車道や歩道を含めた道路を走るのに必要とされている道路運送車両法上の保安基準に適合した構造や保安装置が、全てのマイクロモビリティに備えてあるとは限りません。そこで、事案によっては、過失を基礎付ける法令として、道路運送車両法も、同法の不適合の度合いと事故との因果関係につき、著しい過失や重過失としての修正要素として加味される場合もあると思われます。

3　マイクロモビリティの過失相殺の基準化へ向けて

　マイクロモビリティの事故は、相対的にはいまだ事故の件数自体が少なく基準化するのは時期尚早とも考えられるところですが、今後は事故が増えていくことが考えられます。単に過失相殺率だけでなく、マイクロモビリティによって発生し得る事故類型についても整理が必要だと考えました。

　よって、本書では、東京地裁民事交通訴訟研究会編『別冊判例タイムズ38　民事交通訴訟における過失相殺率の認定基準〔全訂5版〕』（判例タイムズ社、2014）、公益財団法人日弁連交通事故相談センター東京支部『民事交通事故訴訟　損害賠償額算定基準』（赤い本）の内容を基本的に参照しながら、マイクロモビリティの事故における事故類型や過失相殺率の考え方について検討し、特に、特定小型原動機付自転車や特例特定小型原動機付自転車において、事故態様が従前の車両とは異なる事故を中心に整理を試みます。

4　特例特定小型原動機付自転車の表記について

　特例特定小型原動機付自転車は、通行可能とされている歩道（横断歩道を含みます。）や路側帯の通行が可能ですが、道路交通法17条の2第1項により、歩道又は路側帯を通行する間、最高速度表示灯の点滅表示をし、6km/hの速度を超える速度を出すことができない要件を満たさなければ、そもそも、同車両に該当せず、特定小型原動機付自転車のままです。

　もっとも、特定小型原動機付自転車の中には、車道走行モードと、歩道走行モード（最高速度表示灯の点滅表示、6km/hを超える速度を出すことができない）で特例特定小型原動機付自転車に切り替えることができる機種があります。切り換えができる機種では、車道走行モードから歩道走行モードに切り替えないまま歩道や路側帯を走行して

しまうことも想定されます。

　本書では、上記の問題意識を念頭に、道路交通法上は当然であるものの、特例特定小型原動機付自転車につき適宜、歩道走行モードであることをあえて強調する記載をしています。

5　歩道・路側帯・横断歩道の通行の可否

　マイクロモビリティの歩道・路側帯・横断歩道の通行の可否については、複雑なので以下の表にまとめました。

歩道・路側帯・横断歩道の通行の可否

			普通自転車	
歩道	原則		×（通行区分違反：道交17①）	
	普通自転車等及び歩行者等専用の道路標識（標識令別表第1　325の3）		○（道交63の4①一）	通行する場所：歩道の中央から車道寄りの部分又は普通自転車通行指定部分（道交63の4②）
	特例特定小型原動機付自転車・普通自転車歩道通行可の道路標示（標識令別表第5　114の2）		○（道交63の4①一）	
	特例特定小型原動機付自転車・普通自転車の歩道通行部分の道路標示（標識令別表第5　114の3）		○（道交63の4①一）	
	普通自転車の運転者が、児童、幼児その他の普通自転車により車道を通行することが危険であると認められるものとして政令で定める者であるとき		○（道交63の4①二）	
	車道又は交通の状況に照らして普通自転車の通行の安全を確保するため当該普通自転車が歩道を通行することがやむを得ないと認められるとき		○（道交63の4①三）	
路側帯	路側帯（標識令別表第5　108）、駐停車禁止路側帯（標識令別表第5　108の2）	道路の左側部分	○（道交17の3）	
		道路の右側部分	×（道交17の3）（通行区分違反：道交17①）	
	歩行者用路側帯（標識令別表第5　108の3）		×（道交17の3）（通行区分違反：道交17①）	
横断歩道	歩行者用信号機、歩行者・自転車専用の信号機の設置		○（道交令2①）	
	それ以外		○（特に禁止されていない）	
自転車道（標識令別表第1　325の2）			○（道交63の3）	左側を通行、通行義務がある
普通自転車専用通行帯（標識令別表第1　327の4の2）		道路の左側部分	○（道交20②）	通行義務がある
		道路の右側部分	×（道交20②）（通行区分違反：道交17①）	

第4章　過失相殺

特例特定小型原動機付自転車		特定小型原動機付自転車		一般原動機付自転車、普通自動二輪、大型自動二輪
×（通行区分違反：道交17①）				
○（道交17の2①一）	通行する場所：歩道の中央から車道寄りの部分又は普通自転車通行指定部分（道交17の2②）			
○（道交17の2①一）				
○（道交17の2①一）				
×（通行区分違反：道交17①）		×（通行区分違反：道交17①）		
○（道交17の3）				×（通行区分違反：道交17①）
×（道交17の3）（通行区分違反：道交17①）				
×（道交17の3）（通行区分違反：道交17①）				
○（道交令2①）				
○（特に禁止されていない）				
○（道交18①）	左側を通行、通行は任意で車道も通行可（車道は左側通行、車両通行帯のない道路は左側端）	○（道交18①）	左側を通行、通行は任意で車道も通行可（車道は左側通行、車両通行帯のない道路は左側端）	
○（道交20②）	通行義務がある	○（道交20②）	通行義務がある	
×（道交20②）（通行区分違反：道交17①）		×（道交20②）（通行区分違反：道交17①）		

33 通行可能な歩道における特例特定小型原動機付自転車の歩道走行モードの過失相殺の考え方は

Q 特例特定小型原動機付自転車が、歩道を通行して人にぶつかった場合、過失相殺はどのように考えるのでしょうか。

A 特例特定小型原動機付自転車の歩道走行モードでの通行可能な歩道や路側帯における事故については、歩行者は、基本的に、歩道や路側帯では、特例特定小型原動機付自転車に対して注意を払う義務を負っておらず、絶対的に保護されると考えられ、過失相殺をしないことを原則と考えます。

解説

1 特例特定小型原動機付自転車の歩道走行モードでの歩道や路側帯における事故の過失相殺の考え方の概要

特例特定小型原動機付自転車であって、歩道走行モード（最高速度表示灯の点滅表示、6km/hの速度を超える速度を出すことができない）であれば、通行可能とされている歩道（横断歩道を含みます。）や路側帯の通行が可能です。

特例特定小型原動機付自転車の歩道走行モードでの通行可能とされている歩道や路側帯における事故については、基本的には、普通自転車と同様の過失相殺率が適用されると考えます。

考え方の根拠としては以下のとおりです。

第4章　過失相殺　　155

2　特例特定小型原動機付自転車と普通自転車の歩道や路側帯における交通ルール

（1）　速　度

特例特定小型原動機付自転車の歩道通行について、6km/hという速度制限となったのは、身体障害者用の電動車椅子が歩道を通行することができる速度が6km/hであることが参考にされた経緯があります（設問10参照）。

もっとも、身体障害者用の電動車椅子については、道路交通法上は歩行者とみなすことになっていますが（道交2③一）、特例特定小型原動機付自転車の歩道通行は、押し歩き以外は歩行者とみなされません（道交2③二）。

この点、人の通常の歩行速度は4km/h程度とされており、普通自転車を普通に漕いだ速度は15km/h程度、普通自転車の徐行の速度は4～8km/h程度であると考えられます。そうとすれば、特例特定小型原動機付自転車の速度というのは、人の歩行速度よりは速いものの、事案によっては、普通自転車よりも遅い場合も考えられます。

（2）　通行場所

特例特定小型原動機付自転車は、普通自転車と同様に（道交63の4①一）、歩道のうち、「普通自転車等及び歩行者等専用」の道路標識がある場合（標識令別表第1　325の3）や、又は「特例特定小型原動機付自転車・普通自転車歩道通行可」の道路標示がある場合（標識令別表第5　114の2）、及び「特例特定小型原動機付自転車・普通自転車の歩道通行部分」の道路標示がある場合（標識令別表第5　114の3）には、「特例特定原付を除く」の文字が表示されていない限り、歩道通行が可能です（道交17の2①）。通行可能な歩道の場合は左側走行・右側走行共に相互通行可能です。

全ての歩道が通行できるわけではありません。

また、特例特定小型原動機付自転車は、普通自転車よりも通行できる歩道や通行できる状況が限られています。

すなわち、普通自転車の場合には、歩道通行できる例外の拡張として、当該普通自転車の運転者が、児童、幼児その他の普通自転車により車道を通行することが危険であると認められるものとして政令で定める者であるとき（道交63の4①二）、車道又は交通の状況に照らして当該普通自転車の通行の安全を確保するため普通自転車が歩道を通行することがやむを得ないと認められるとき（道交63の4①三）には歩道通行ができるという規定があります。しかし、特例特定小型原動機付自転車には、このような歩道通行ができる拡張規定はありません。

（3）　通行方法

　一方で、特例特定小型原動機付自転車は、歩道における通行の方法は、普通自転車と同様に、当該歩道の中央から車道寄りの部分（普通自転車通行指定部分があるときは、当該普通自転車通行指定部分）を徐行しなければならず、また、特例特定小型原動機付自転車の進行が歩行者の通行を妨げることとなるときは、一時停止しなければなりません。ただし、普通自転車通行指定部分については、当該普通自転車通行指定部分を通行し、又は通行しようとする歩行者がないときは、歩道の状況に応じた安全な速度と方法で進行することができるとして、同じ文言の規定になっています（道交17の2②・63の4②）。

3　特例特定小型原動機付自転車の運転者が負うべき注意義務

　上記で検討したように、特例特定小型原動機付自転車の運転者が負うべき歩行者に対しての注意義務は、普通自転車の運転者と重なるものがあります。

　また、歩行者からして、特例特定小型原動機付自転車の通行できる歩道は普通自転車よりも少ないものの、法律上の通行方法は普通自転車と一緒であり、6km/hの速度は普通自転車の徐行速度程度とのことですが、特例特定小型原動機付自転車が普通自転車よりも危険性が劣るというものでもなく、歩道における普通自転車に対する注意と特例

第4章　過失相殺　　　157

特定小型原動機付自転車に対して行うべき注意は、そこまで大差はないと解されます。

　以上の理由から、本書では、特例特定小型原動機付自転車の歩道走行モードでの通行可能な歩道や路側帯での事故については、基本的には、普通自転車と同様の過失相殺率が適用されると考えます。

　特例特定小型原動機付自転車・普通自転車は歩道の中央から車道寄りの部分（普通自転車通行指定部分があるときは、当該普通自転車通行指定部分）を徐行しなければならないため（道交17の2②・63の4②）、歩道の中央から車道寄りの部分を通行していない、若しくは、普通自転車通行指定部分があるのに当該普通自転車通行指定部分を通行していない場合には、歩道通行方法に違反があるとして特例特定小型原動機付自転車・普通自転車側に10％加算修正（対歩行者事故は歩行者側に10％の減算修正）をしています。

　この10％という数値は、東京地裁民事交通訴訟研究会編『別冊判例タイムズ38　民事交通訴訟における過失相殺率の認定基準〔全訂5版〕』（判例タイムズ社、2014）185頁【87】図の注③における自転車が歩道の中央から車道寄りの部分以外の部分を通行していた場合の普通自転車の著しい過失として普通自転車側に5％の加算修正よりも、結果的に修正率としては高い内容になります。加算する修正率として10％を相当と考える理由は、設問34で解説をしています。

　なお、歩行者は歩道に普通自転車通行指定部分が設けられているときは普通自転車通行指定部分をできるだけ避けて通行する努力義務があり（道交10③）、近年、交通ルールの周知も進んでいると思われるので、本書では、歩行者の普通自転車通行指定部分の通行は10％程度の加算修正が相当と考えます。

　本設問では、通行可能な歩道における特例特定小型原動機付自転車の歩道走行モードでの事故の過失相殺を事故態様に則して、個別に検討をしていきます。

4　通行可能な歩道を直進走行している場合の歩行者との事故

〈1〉

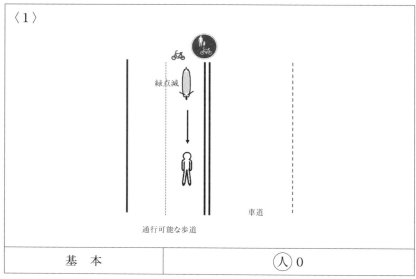

| 基　本 | 人　0 |

　特例特定小型原動機付自転車が歩道を通行できる場合でも、当該歩道の中央から車道寄りの部分（普通自転車通行指定部分があるときは、当該普通自転車通行指定部分）を徐行しなければならず、歩行者の通行を妨げるときは、一時停止しなければなりません（道交17の2②）。
　歩行者は、基本的には、特例特定小型原動機付自転車に対して注意義務を負っておらず、絶対的に保護されると考えられます。そこで、通行可能な歩道における特例特定小型原動機付自転車の歩道走行モードでの歩行者との事故は、過失相殺をしないことを原則と考えます。
　特例特定小型原動機付自転車が歩道の中央から車道寄りの部分を通行していない、若しくは、普通自転車通行指定部分があるのに当該指定部分を通行していない場合には、歩行者側に10％の減算修正が相当と考えます。
　歩道に普通自転車通行指定部分が設けられている場合、歩行者は当該指定部分をできるだけ避けて通行する努力義務があり（道交10③）、交通ルールの周知も進んでいると思われ、歩行者の普通自転車通行指定部分の通行は10％程度の加算修正が相当と考えます。

5　通行可能な歩道における対向方向に直進走行している場合の特例特定小型原動機付自転車・普通自転車との事故

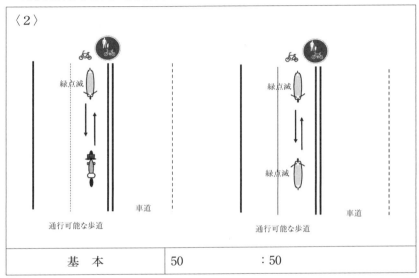

　特例特定小型原動機付自転車も普通自転車も、歩道を通行できる場合、歩道の中央から車道寄り部分や普通自転車通行指定部分を徐行し、歩行者がないときは、歩道の状況に応じた安全な速度と方法で進行するなど、注意義務は、いずれも同等と考えられます（道交17の2②・63の4②）。

　そこで、特例特定小型原動機付自転車の歩道走行モードで直進走行している同士、若しくは普通自転車と正面衝突やすれ違い時に接触したような場合には、50対50が原則と考えます。

6 通行可能な歩道における同一方向に直進走行している場合の特例特定小型原動機付自転車・普通自転車との事故

(1) 後行車が追い抜き時に先行車に接触・衝突の場合

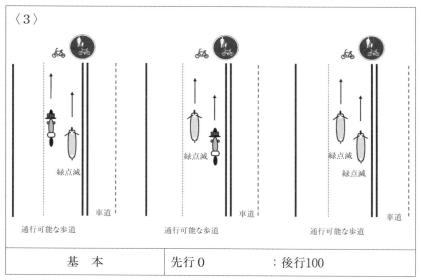

| 基　本 | 先行0　　　：後行100 |

　特例特定小型原動機付自転車若しくは普通自転車が同一方向に進行して、先行車を後行車が追い抜く際に接触や衝突する場合、普通自転車は後写鏡を備えていない車両が多く、特例特定小型原動機付自転車も道路運送車両法上後写鏡の設置が義務付けられておらず、後方認識は困難であると思われます。

　そこで、基本的には先行車0対後行車100が原則と考えます。もっとも、先行車が後写鏡を備えている場合には、後行車の動向は視認可能な場合もあり、先行車にも歩道の状況に応じた安全な速度と方法で進行する注意義務があると考えられ、先行車に10％〜20％の加算修正をすることも考えられます。

第4章　過失相殺

(2) 先行車が進路変更時に後行車が接触・衝突の場合

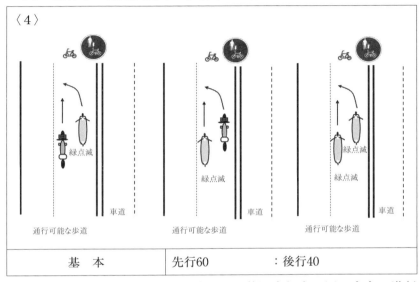

〈4〉

基　本	先行60　　　：後行40

　特例特定小型原動機付自転車若しくは普通自転車が同一方向に進行して、先行車が進路変更時に後行車が接触や衝突する場合、先行車は、進路変更をする際には、歩道の状況に応じた安全な速度と方法で進行する注意義務があり、後行からの進行とはいえ、後行車の通行の妨害をしないように距離や速度等に注意する義務があると考えられます。

　そこで、基本的には先行車60対後行車40が原則と考えます。もっとも、先行車の進路変更にやむを得ない事情があり、後行車も当該事情につき認識ないし認識可能な場合には、後行車に10％〜20％の加算修正をすることが相当と考えます。

7 通行可能な歩道における路外出入りの事故
(1) 特例特定小型原動機付自転車と歩行者との事故

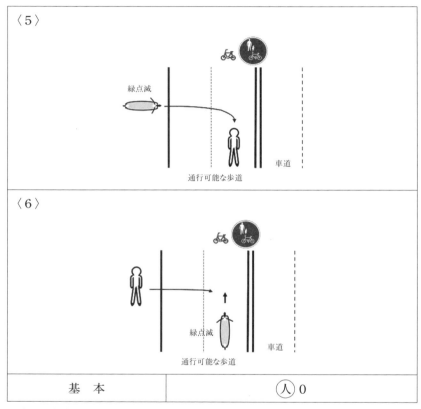

　特例特定小型原動機付自転車が歩道を通行できる場合でも、徐行しなければならず、歩行者の通行を妨げるときは、歩道に進入する際には一時停止し（道交17の2②）、歩行者の正常な交通を妨害する場合は、路外出入りするための右左折、横断等をしてはいけません（道交25の2①）。歩行者は、基本的には、歩道に進入する特例特定小型原動機付自転車に対しては、絶対的に保護されると考えられ、過失相殺をしないことを原則と考えます。

第4章　過失相殺　　163

　なお、歩行者の路外からの急な飛び出しの場合には歩行者側に5～10％の加算修正、特例特定小型原動機付自転車の路外からの急な飛び出しは歩行者側に10％の減算修正、特例特定小型原動機付自転車が歩道の中央から車道寄りの部分を通行していない、若しくは、普通自転車通行指定部分があるのに当該部分を通行していない場合には、歩行者側に10％の減算修正が相当と考えます。

　また、歩行者の普通自転車通行指定部分の通行は10％程度の加算修正が相当と考えます（道交10③）。

(2) 特例特定小型原動機付自転車・普通自転車との事故

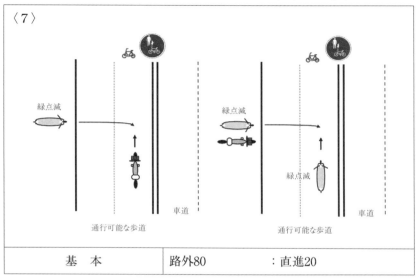

| 基　本 | 路外80 | ：直進20 |

　特例特定小型原動機付自転車・普通自転車は、歩道を通行できる場合、歩道の中央から車道寄り部分や普通自転車通行指定部分を徐行し、歩行者がいない場合でも歩道の状況に応じた安全な速度と方法で進行し、路外から歩道に進入する際には直進車の走行の妨害をしないよう注意する義務があります（道交17の2②）。また、路外出入りの際、他の車両等の正常な交通を妨害する場合は、右左折、横断等をしてはいけません（道交25の2①）。

　そこで、通常の路外出入りの過失相殺と同様、基本的には路外車80対直進車20が原則と考えます。また、路外車の既進入は10％の減算修正、急な飛び出しは10％の加算修正が相当と考えます。

(3) 四輪・二輪・特定小型原動機付自転車が歩道を通過する場合の特例特定小型原動機付自転車との事故

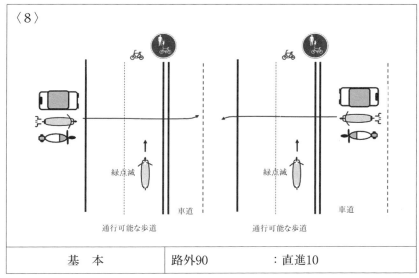

車両は、他の車両等の正常な交通を妨害する場合は、路外出入りするための右左折、横断等をしてはいけません（道交25の2①）。他方、特例特定小型原動機付自転車は、歩道走行が許されているとはいえ、歩行者がいない場合でも歩道の状況に応じた安全な速度と方法で進行する注意義務があり、路外から歩道に進入してくる車両がある場合には徐行するなど注意する義務があると考えられます（道交17の2②）。他方、四輪等と歩道走行モードの特例特定小型原動機付自転車の車両区分の比較から減額修正をし、基本的には路外車90対直進車10が原則と考えます。

また、路外車の既進入は10％の減算修正、急な飛び出しは10％の加算修正が相当と考えます。

166　　第4章　過失相殺

34　路側帯における特例特定小型原動機付自転車の歩道走行モードの過失相殺の考え方は

Q　道路の右側部分の路側帯を通行した特例特定小型原動機付自転車が、道路の左側部分の路側帯を通行する普通自転車にぶつかった場合、過失相殺はどのように考えるのでしょうか。

A　歩道走行モードの特例特定小型原動機付自転車・普通自転車は、進行方向に向かって道路の左側部分に設けられた路側帯を通行できます。法令上、路側帯の右側通行はできない一方で、路側帯の左側通行車も安全運転義務等の一般的な注意義務を負っている兼ね合いから、50対50のところ道路の右側部分の路側帯の通行車に10％加算し、右側部分の通行車60対左側部分の通行車40を原則と考えます。

解　説

1　路側帯における特例特定小型原動機付自転車の歩道走行モードの過失相殺の考え方の概要

　路側帯通行についても、特例特定小型原動機付自転車と普通自転車は、著しく歩行者の通行を妨げることとなる場合を除き、進行方向に向かって道路の左側部分に設けられた白の一本線の路側帯（標識令別表第5　108）、白の一本線に破線の駐停車禁止路側帯（標識令別表第5　108の2）（特例特定小型原動機付自転車及び軽車両の通行を禁止することを表示する道路標示によって区画された歩行者用路側帯（標識令別表第5　108の3）以外）を通行することができるものの、歩行者の通行を妨げ

ないような速度と方法で進行しなければならないとして、特例特定小型原動機付自転車と普通自転車の同一条文となっています（道交17の3）。

　なお、本設問の特例特定小型原動機付自転車が走行できる路側帯（道交17の3）とは、道路交通法17条1項の路側帯であり、道路交通法10条の「歩道等」の路側帯、すなわち、歩行者等の通行に十分な幅員を有する路側帯（おおむね1m以上）に限られず、同法2条、同法施行令1条の2における路側帯（0.5m以上）も含み、広い狭いを問いません。

　以下、道路の右側部分の路側帯の通行に関する修正について説明します。

　特例特定小型原動機付自転車・普通自転車は、法令上、進行方向に向かって道路の左側部分の路側帯を通行することになっており（道交17③）（普通自転車は2013年12月1日から施行）、道路の右側部分の通行はできず、通行区分違反となります（道交17①）。

　過失相殺の考え方として、まず、特例特定小型原動機付自転車の路側帯走行は、歩行者の通行を絶対的に優先しており、歩行者は、特例特定小型原動機付自転車に対して注意を払う義務を負っていないと解され、基本的に、歩行者は、絶対的に保護されると考えられます。

　他方、特例特定小型原動機付自転車・普通自転車は、法令上、道路の右側の路側帯の通行はできませんが、道路の左側の路側帯を通行する方も歩行者や他の車両に対し安全運転義務等の一般的な注意義務を負っています（道交70）。

　また、四輪・二輪・特定小型原動機付自転車も道路外の施設又は場所に出入りするためやむを得ない場合において歩道等を横断することができますが、歩道等に入る直前で一時停止し、かつ、歩行者の通行を妨げないようにしなければならず、対歩行者のみならず、他の車両に対しても安全運転義務等の一般的な注意義務（道交70）を負っています。

以上を踏まえ、道路の右側の路側帯を通行する特例特定小型原動機付自転車・普通自転車には通行区分違反があるとして、10％加算修正（対歩行者事故は歩行者側に10％の減算修正）をしています。

この10％という数値は、東京地裁民事交通訴訟研究会編『別冊判例タイムズ38　民事交通訴訟における過失相殺率の認定基準〔全訂5版〕』（判例タイムズ社、2014）189頁【89】図の注③における左側通行違反が普通自転車の著しい過失として歩行者側に5％の減算修正よりも、結果的に修正率としては高い内容になります。

道路の右側部分の路側帯を通行した特例特定小型原動機付自転車・普通自転車側に加算する修正率として10％を相当と考える理由としては、5％という修正率では自動車賠償責任保険の実務では考慮されない場合があること、別冊判例タイムズ38が発刊された当時（2014年5月）と比べて近年では普通自転車でも車道通行の原則や左側通行の交通ルールについての周知も広まっていること、令和5年7月1日施行の道路交通法改正により新たな車両区分として設けられた特定小型原動機付自転車や特例特定小型原動機付自転車の交通ルールについても周知が図られ、違反者に対する取締りもされており、特例特定小型原動機付自転車・普通自転車が通行区分違反や路側帯の左側通行違反をした場合には危険行為に含まれ反復継続する違反者に対しては都道府県公安委員会から講習受講命令がなされることになっていること（道交108の3の5、道交令41の3）（普通自転車は2015年6月1日から施行）等も考慮しました。

以上を前提に、本設問では、路側帯における特例特定小型原動機付自転車の歩道走行モードでの事故の過失相殺を交通態様に則して、個別に検討をしていきます。

2　路側帯を直進走行している場合の歩行者との事故

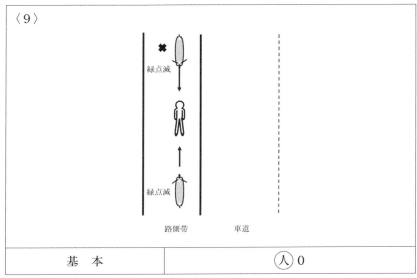

　歩道走行モードの特例特定小型原動機付自転車は、著しく歩行者の通行を妨げることとなる場合を除き、道路の左側部分の路側帯を通行できますが、歩行者の通行を妨げないような速度と方法で進行しなければなりません（道交17の3）。

　このように、歩道走行モードの特例特定小型原動機付自転車の路側帯走行は、歩行者の通行を優先しており、基本的に、歩行者は、特例特定小型原動機付自転車に対して注意を払う義務を負っていないと解され、絶対的に保護されると考えられます。

　そこで、路側帯における直進走行している場合の歩行者との事故は、過失相殺をしないことを原則と考えます。

3　路側帯を対向方向に直進走行している場合の特例特定小型原動機付自転車・普通自転車との事故

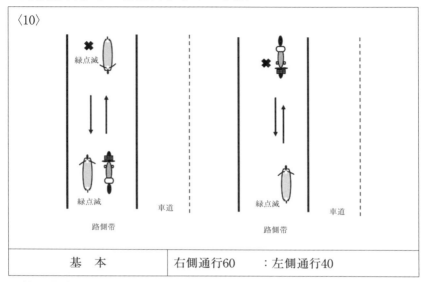

　特例特定小型原動機付自転車・普通自転車は、道路の左側部分の路側帯を通行できます（道交17の3①）。

　すなわち、特例特定小型原動機付自転車・普通自転車は、法令上、道路の右側部分の路側帯の通行はできません。また、近年では、普通自転車の車道通行の原則や道路の左側部分の通行の交通ルールについての周知も広まっています。

　特例特定小型原動機付自転車・普通自転車は、法令上、路側帯の右側通行はできない一方で、路側帯の左側通行車も安全運転義務等の一般的な注意義務を負っている兼ね合いから、50対50のところ右側通行車に10％の加算修正をし、右側通行車60対左側通行車40を相当と考えます。

4 路側帯を同一方向に直進走行している場合の特例特定小型原動機付自転車・普通自転車との事故

(1) 後行車が追い抜き時に先行車に接触・衝突の場合

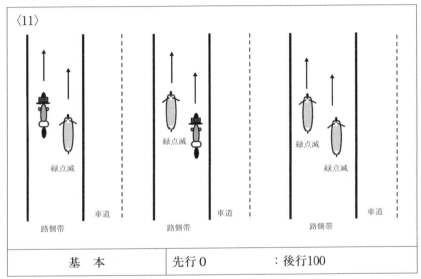

特例特定小型原動機付自転車若しくは普通自転車が同一方向に進行して、先行車を後行車が追い抜く際に接触や衝突する場合、普通自転車も特例特定小型原動機付自転車も道路運送車両法上後写鏡の設置が義務付けられておらず、後方認識は困難と思われます。

そこで、基本的には、歩道通行と同様に、先行車0対後行車100が原則と考えます。

もっとも、先行車が後写鏡を備えている場合には、後行車の動向は視認可能な場合もあり、先行車にも路側帯の状況に応じた安全な速度と方法で進行する注意義務があると考えられ、先行車に10％～20％の加算修正をするのが相当と考えます。

(2) 先行車が進路変更時に後行車が接触・衝突の場合

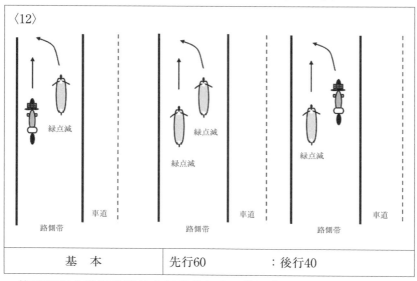

| 基　本 | 先行60　：後行40 |

　特例特定小型原動機付自転車若しくは普通自転車が同一方向に進行して、先行車が進路変更時に後行車が接触や衝突する場合、先行車は、進路変更をする際には、路側帯の状況に応じた安全な速度と方法で進行する注意義務があり、後行からの進行とはいえ、後行車の通行の妨害をしないように距離や速度等に注意する義務があると考えられます。

　基本的には、歩道通行と同様に、先行車60対後行車40が相当と考えます。

　なお、先行車の進路変更にやむを得ない事情があり、後行車も当該事情につき認識ないし認識可能な場合には、後行車に10％〜20％の加算修正をすることが考えられます。

第4章　過失相殺　　　　　　　　　　173

5　路側帯における路外出入りの事故
 (1)　歩道走行モードの特例特定小型原動機付自転車と歩行者との事故

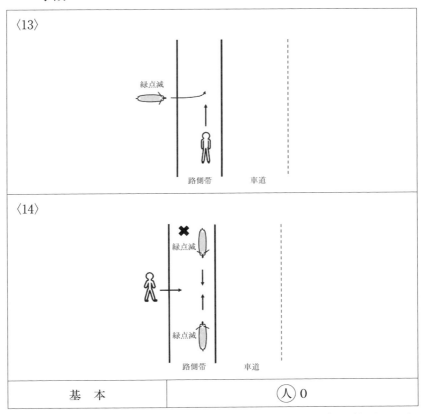

　特例特定小型原動機付自転車は、著しく歩行者の通行を妨げることとなる場合を除き、道路の左側部分の路側帯を通行できますが、歩行者の通行を妨げないような速度と方法で進行しなければなりません（道交17の3）。
　また、歩行者の正常な交通を妨害する場合は、路外出入りするための右左折、横断等をしてはいけません（道交25の2①）。歩行者は、基本

的には、特例特定小型原動機付自転車に対して注意を払う義務を負っておらず、絶対的に保護されると考えられ、過失相殺をしないことを原則と考えます。なお、歩行者の路外からの急な飛び出しの場合は歩行者側の5～10％の加算修正、特例特定小型原動機付自転車の路外からの急な飛び出しは歩行者側の10％の減算修正、また、特例特定小型原動機付自転車・普通自転車は、道路の右側部分の路側帯の通行はできないため、右側部分の通行車の場合は歩行者側の10％の減算修正が相当と考えます。

第4章　過失相殺

(2)　特例特定小型原動機付自転車・普通自転車との事故

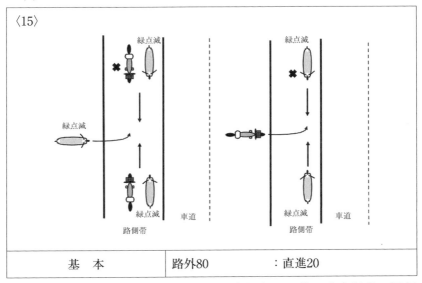

特例特定小型原動機付自転車・普通自転車は、著しく歩行者の通行を妨げることとなる場合を除き、道路の左側部分の路側帯を通行できます（道交17の3）。また、路外出入りの際は、他の車両等の正常な交通を妨害する場合は、右左折、横断等をしてはいけません（道交25の2①）。

そこで、通常の路外出入りの過失相殺と同様、基本的には路外車80対直進車20が相当と考えます。

特例特定小型原動機付自転車・普通自転車は、法令上、道路の右側部分の路側帯の通行はできないため、右側部分の通行車の場合は10%の加算修正、路外車の既進入は10%の減算修正、急な飛び出しは10%の加算修正が相当と考えます。

(3) 四輪・二輪・特定小型原動機付自転車が路側帯を通過する場合の特例特定小型原動機付自転車との事故

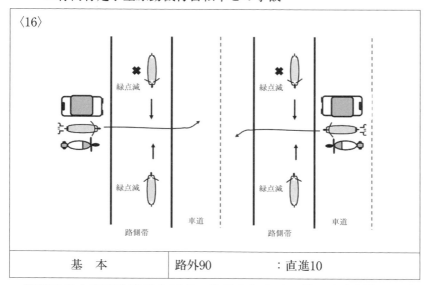

　特例特定小型原動機付自転車・普通自転車は、著しく歩行者の通行を妨げることとなる場合を除き、道路の左側部分の路側帯を通行できます（道交17の3）。

　他方、車両は、他の車両等の正常な交通を妨害する場合は、路外出入りするための右左折、横断等をしてはいけません（道交25の2①）。そこで、歩道通行と同様に、基本的には路外車90対直進車10が相当と考えます。

　また、特例特定小型原動機付自転車・普通自転車は、法令上、道路の右側部分の路側帯の通行はできないため、右側部分の通行車の場合は10％の加算修正、路外車の既進入は10％の減算修正、急な飛び出しは10％の加算修正が相当と考えます。

第4章　過失相殺　　177

35　横断歩道における特例特定小型原動機付自転車の歩道走行モードの過失相殺の考え方は

Q 　横断歩道を走行中の特例特定小型原動機付自転車が、横断歩道を通行している人にぶつかった場合、過失相殺はどのように考えるのでしょうか。

A 　歩道走行モードの特例特定小型原動機付自転車は、横断歩道通行は禁止されていませんが、歩行者が優先とされており、過失相殺をしないことを原則と考えます。

解　説

1　横断歩道における特例特定小型原動機付自転車の歩道走行モードでの事故の過失相殺の考え方の概要

　歩道走行モードの特例特定小型原動機付自転車は、普通自転車と同様に、横断歩道通行は道路交通法上禁止されていません。歩行者用信号機・歩行者・自転車専用の信号機のある横断歩道を通行するときは、同信号に従うことになり、青色の灯火では横断歩道において直進をし、又は左折できます（道交令2）。全ての交差点で二段階右折が原則であり、横断歩道を使用することも多いと考えられます。

　横断歩道は、基本的には歩行者の横断の用に供するための場所です（道交2①四）。特例特定小型原動機付自転車は、交差点内を通行するときは、車両や横断する歩行者に特に注意し、かつ、できる限り安全な速度と方法で進行しなければならず（道交36④・70）、横断中の歩行者の通行を妨げるおそれがある場合は、特例特定小型原動機付自転車に乗ったまま横断してはいけません。

　以下、事故態様に応じて、個別に検討をしていきます。信号機の色については停止位置ないし横断歩道進入時を基本にしています。

2 歩行者用信号機・歩行者・自転車専用の信号機がない横断歩道で直進走行している場合の歩行者との事故

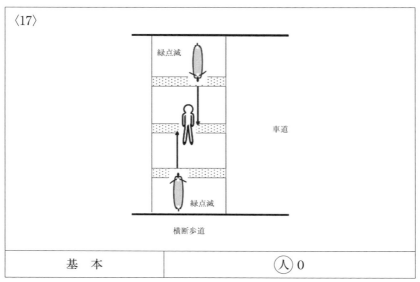

〈17〉	
基　本	㊂ 0

　特例特定小型原動機付自転車は、道路交通法上、横断歩道通行は禁止されておらず、横断歩道上に歩行者がないときは、歩道の状況に応じた安全な速度と方法で進行することができますが、横断中の歩行者の通行を妨げるおそれがある場合は、特例特定小型原動機付自転車に乗ったまま横断してはいけません。

　特例特定小型原動機付自転車の横断歩道通行は、歩行者の通行を優先しており、歩行者は、基本的には、特例特定小型原動機付自転車に対して注意を払う義務を負っていないと解されます。

　そこで、同じ横断歩道上の事故であれば、信号の有無を問わず、歩行者は絶対的に保護され、過失相殺をしないことを原則と考えます。

3 歩行者用信号機・歩行者・自転車専用の信号機がない横断歩道で対向方向に直進走行している場合の特例特定小型原動機付自転車・普通自転車との事故

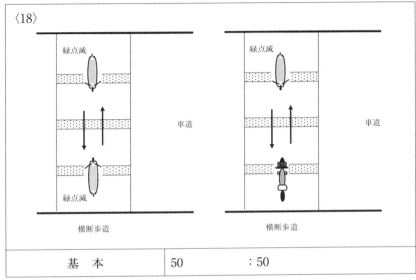

〈18〉

| 基　本 | 50 | ：50 |

　特例特定小型原動機付自転車や普通自転車は、横断歩道通行は禁止されていませんが、いずれも、歩行者がないときは歩道の状況に応じた安全な速度と方法で進行する義務があると解され、車両等の運転者は、当該車両等のハンドル、ブレーキその他の装置を確実に操作し、かつ、道路、交通及び当該車両等の状況に応じ、他人に危害を及ぼさないような速度と方法で運転しなければならず、交差点内を通行するときは、車両や横断する歩行者に特に注意し、かつ、できる限り安全な速度と方法で進行しなければならず（道交36④・70）、注意義務はいずれも同等と考えられます（道交17の2②・63の4②）。

　特例特定小型原動機付自転車の歩道走行モード同士、若しくは普通自転車が横断歩道上で正面衝突やすれ違い時に接触したような場合には、歩道通行の際と同様に50対50が原則と考えます。同様の事案で、追い抜きや進路変更の場合は、設問33を参照してください。

4 横断歩道を通行する特例特定小型原動機付自転車と車道を直進する四輪・二輪・特定小型原動機付自転車との事故

(1) 歩行側青信号・車道側赤信号

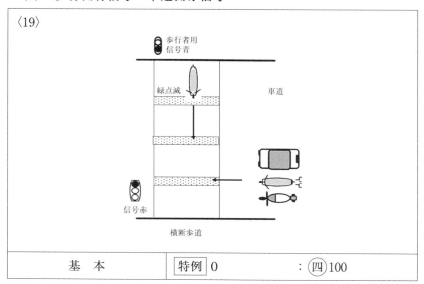

　特例特定小型原動機付自転車が横断歩道を通行する場合には歩行者用信号機に従うことになり、歩行者用信号が青であれば、横断歩道の直進ができます（道交令2①）。

　四輪等は、信号が赤色であれば、停止位置を越えて進行をしてはなりません（道交令2①）。

　そこで、横断歩道を通行する特例特定小型原動機付自転車0対四輪等100が相当と考えます。

(2) 歩行側青点滅信号・車道側赤信号

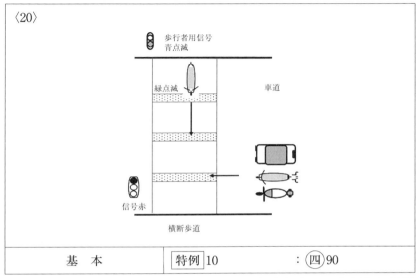

　横断歩道を通行する特例特定小型原動機付自転車は、歩行者用信号が青点滅であれば、赤色と同様に、道路の横断を始めてはならないと規定されています（道交令2①）。

　他方、四輪等は、赤信号では、停止位置において一時停止しなければなりません（道交令2①）。

　そこで、横断歩道を通行する特例特定小型原動機付自転車10対四輪等90が相当と考えます。

（3） 歩行側赤信号・車道側赤信号

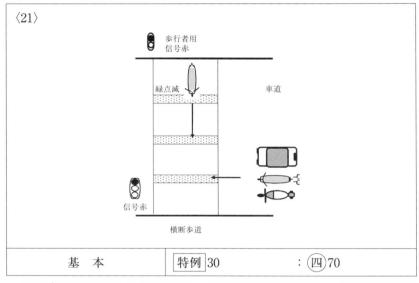

横断歩道を通行する特例特定小型原動機付自転車は、歩行者用信号が赤色であれば、道路の横断を始めてはなりません（道交令2①）。他方、四輪等は赤信号では、停止位置を越えて進行してはいけません（道交令2①）。本書では、横断歩道を通行する特例特定小型原動機付自転車30対四輪等70が相当と考えます。

これは、東京地裁民事交通訴訟研究会編『別冊判例タイムズ38 民事交通訴訟における過失相殺率の認定基準〔全訂5版〕』（判例タイムズ社、2014）439頁【294】図よりも四輪等側に有利ですが、普通自転車や特例特定小型原動機付自転車の交通ルールの周知等がされていることや（設問34参照）、特例特定小型原動機付自転車を含む車両等が守るべき信号に歩行者用と車両用に差異がないと考えられ（道交7）、また、横断歩道を通行する特例特定小型原動機付自転車は、横断歩道を通過する際の優先的地位がないこと（道交38①）等も鑑み、同書394頁【239】図の過失相殺に近い基準となっています。

第4章　過失相殺

（4）　歩行側赤信号・車道側黄信号

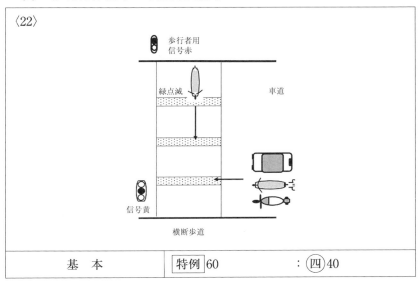

　横断歩道を通行する特例特定小型原動機付自転車は、歩行者用信号が赤色であれば、道路の横断を始めてはなりません（道交令2①）。他方、四輪等は、黄信号では、停止位置に近接しているため安全に停止することができない場合を除き、停止位置を越えて進行してはいけません（道交令2①）。

　本書では、横断歩道を通行する特例特定小型原動機付自転車60対四輪等40が相当と考えます。これは、東京地裁民事交通訴訟研究会編『別冊判例タイムズ38　民事交通訴訟における過失相殺率の認定基準〔全訂5版〕』（判例タイムズ社、2014）439頁【294】図よりも四輪等側に有利で、同書392頁【238】図の過失相殺に近い基準となっています。その理由は本設問の〈21〉に記載しています。

(5) 歩行側赤信号・車道側青信号

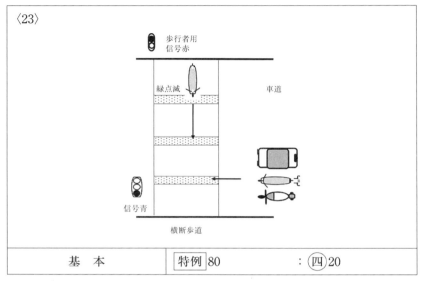

横断歩道を通行する特例特定小型原動機付自転車は、歩行者用信号が赤色であれば、道路の横断を始めてはなりません（道交令2①）。他方、四輪等は、青信号では、直進進行できますが（道交令2①）、一般的な安全運転の義務を負っています（道交36④・70）。

本書では、横断歩道を通行する特例特定小型原動機付自転車80対四輪等20が相当と考えます。これは、東京地裁民事交通訴訟研究会編『別冊判例タイムズ38　民事交通訴訟における過失相殺率の認定基準〔全訂5版〕』（判例タイムズ社、2014）441頁【296】図よりも四輪等側に有利で、同書391頁【236】図の過失相殺に近い基準となっています。その理由は本設問の〈21〉に記載しています。

第4章　過失相殺

(6) 双方信号機なし

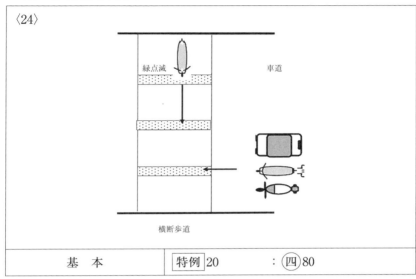

車道を走行する四輪等も、横断歩道を走行する特例特定小型原動機付自転車も、安全運転義務等の一般的な注意義務を負っています（道交36④・70）。

そこで、横断歩道を走行する特例特定小型原動機付自転車20対車道を走行する四輪等80を相当と考えます。

なお、この図では、双方従うべき信号機がないことを前提にしており、いずれかが従う信号機がある場合には、他方も信号機の色が推認されますので、本設問の〈19〉〜〈23〉を参照してください。

5　横断歩道を通行する特例特定小型原動機付自転車と右左折する四輪・二輪・特定小型原動機付自転車との事故

(1)　歩行側青信号・車道側青信号

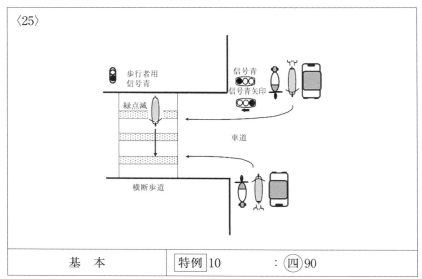

　横断歩道を通行する特例特定小型原動機付自転車は、歩行者用信号が青色であれば、直進できますが（道交令2①）、安全運転義務等の一般的な注意義務を負っています（道交36④・70）。他方、四輪等は、青信号では、右左折進行できますが（道交令2①）、横断歩道を横断しようとする特例特定小型原動機付自転車がいる場合には直前での一時停止や徐行などできる限り安全な速度と方法で運転しなければならないと解されます（道交36④・70）。

　本書では、同一方向、対向方向を問わず、横断歩道を通行する特例特定小型原動機付自転車10対四輪等90が相当と考えます。

(2) 歩行側青点滅信号・車道側青信号又は車道側黄信号

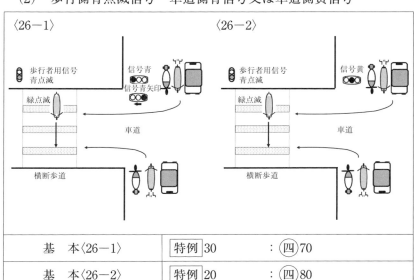

基　本〈26-1〉	特例 30	： 四 70
基　本〈26-2〉	特例 20	： 四 80

　横断歩道を通行する特例特定小型原動機付自転車は、歩行者用信号が青点滅であれば、赤色と同様に、道路の横断を始めてはなりません（道交令2①）。

　他方、四輪等は、青信号では、右左折進行できますが（道交令2①）、横断しようとする特例特定小型原動機付自転車がいる場合には直前での一時停止や徐行などできる限り安全な速度と方法で運転すべきと解され（道交36④・70）、黄信号では、停止位置に近接しているため安全に停止することができない場合を除き、停止位置を越えて進行してはいけません（道交令2①）。

　本書では、同一方向、対向方向を問わず、〈26-1〉の歩行側青点滅信号で車道側青信号の場合は、特例特定小型原動機付自転車30対四輪等70、〈26-2〉の歩行側青点滅信号で車道側黄信号の場合は、特例特定小型原動機付自転車20対四輪等80が相当と考えます。

(3) 歩行側赤信号・車道側青信号又は車道側黄信号

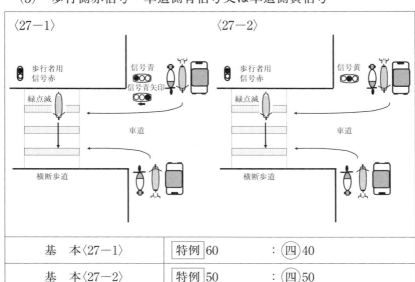

| 基　本〈27－1〉 | 特例 60 | ： | 四 40 |
| 基　本〈27－2〉 | 特例 50 | ： | 四 50 |

　歩車分離式の交差点などでは、進行方向が同一でも、歩行者用信号と車両用信号が分離している場合があります。

　横断歩道を通行する特例特定小型原動機付自転車は、歩行者用信号が赤色であれば、道路の横断を始めてはなりません（道交令2①）。

　他方、四輪等は、青信号では、右左折進行できますが（道交令2①）、横断しようとする特例特定小型原動機付自転車がいる場合には直前での一時停止や徐行などできる限り安全な速度と方法で運転すべきと解され（道交36④・70）、黄信号では、停止位置に近接しているため安全に停止することができない場合を除き、停止位置を越えて進行してはいけません（道交令2①）。

　本書では、同一方向、対向方向を問わず、〈27－1〉の歩行側赤信号で車道側青信号の場合は、特例特定小型原動機付自転車60対四輪等40、〈27－2〉の歩行側赤信号で車道側黄信号の場合は、特例特定小型原動機付自転車50対四輪等50が相当と考えます。

第４章　過失相殺　　189

(4)　歩行側赤信号・車道側赤信号、双方信号機なし

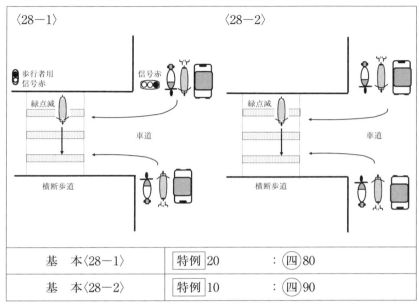

基　本〈28-1〉	特例 20　：　四 80
基　本〈28-2〉	特例 10　：　四 90

　〈28-1〉は、横断歩道を通行する特例特定小型原動機付自転車は、歩行者用信号が赤色であれば、道路の横断を始めてはなりません（道交令2①）。他方、四輪等は、赤信号では停止位置を越えて進行してはならず（道交令2①）、特例特定小型原動機付自転車20対四輪等80が相当と考えます。

　〈28-2〉は、四輪等も横断歩道を走行する特例特定小型原動機付自転車も安全運転義務等の一般的な注意義務を負っています（道交36④・70）。そこで、特例特定小型原動機付自転車10対四輪等90を相当と考えます。

6 横断歩道のない車道を特例特定小型原動機付自転車が横断した場合の事故

特例特定小型原動機付自転車は、横断歩道がない場合、歩道走行モードで車道を横断することが想定されます。その場合の事故の過失相殺については、設問37を参考にしてください。

36 歩車道の区別のない道路における特例特定小型原動機付自転車の歩道走行モードの過失相殺の考え方は

Q 歩車道の区別のない道路で特例特定小型原動機付自転車が歩道走行モードで歩行している人にぶつかった場合、過失相殺は、どのように考えるのでしょうか。

A 歩車道の区別のない道路で右側端を通行する歩行者につき、過失相殺をしないことを原則と考えます。

右側端以外を通行した歩行者には5%～10%の加算修正が相当と考えます。

解　説

1 歩車道の区別のない道路における特例特定小型原動機付自転車の歩道走行モードでの事故の過失相殺の考え方の概要

特例特定小型原動機付自転車は、特定小型原動機付自転車や普通自転車と同様に、車道や歩車道の区別のない道路を歩道走行モードで走行することは想定されているとは思いますが、左寄り通行を定める道路交通法18条1項には、特定小型原動機付自転車や軽車両の規定はあるものの、特例特定小型原動機付自転車につき明記がありません。

もっとも、特例特定小型原動機付自転車も特定小型原動機付自転車の一種であり、かつ車両であり、同法同条2項の歩車道の区別のない道路を通行する場合その他の場合に、歩行者の側方を通過するときは、安全な間隔を保ち、又は徐行しなければならない対象になると解されます。

第4章　過失相殺

　他方、歩行者は、歩車道の区別のない道路では、道路の右側端に寄って通行しなければならず、道路の右側端を通行することが危険であるときその他やむを得ないときは、道路の左側端に寄って通行できます（道交10①）。

　本設問では、特例特定小型原動機付自転車が歩道走行モードで歩車道の区別のない道路を走行している場合の過失相殺を交通態様に則して、個別に検討をしていきます。

　なお、道路交通法10条の「歩道等」の路側帯、すなわち、歩行者等の通行に十分な幅員を有する路側帯（おおむね1m以上）よりも狭い、同法2条、同法施行令1条の2における路側帯（0.5m以上）における事故については、本設問ではなく、設問34を参照してください。

2 特例特定小型原動機付自転車が歩道走行モードで歩車道の区別のない道路を走行している場合の歩行者との事故

(1) 歩行者が右側端を通行

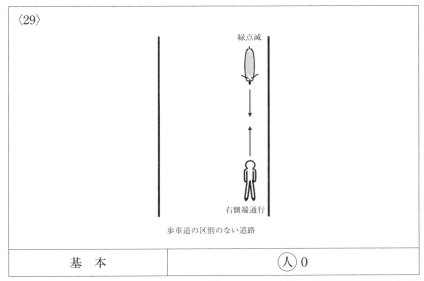

〈29〉

歩車道の区別のない道路

| 基　本 | ㊅ 0 |

　歩行者は、歩車道の区別のない道路では、道路の右側端を通行することが危険であるときその他やむを得ないときは道路の左側端に寄れますが、原則として右側端に寄って通行しなければなりません（道交10①）。

　他方、特例特定小型原動機付自転車も車両であり、道路交通法18条2項の歩車道の区別のない道路を通行する場合その他の場合に、歩行者の側方を通過するときは、安全な間隔を保ち、又は徐行しなければならないと解されます。

　そこで、歩車道の区別のない道路で右側端を通行する歩行者につき、過失相殺をしないことを原則と考えます。

(2) 歩行者が左側端を通行

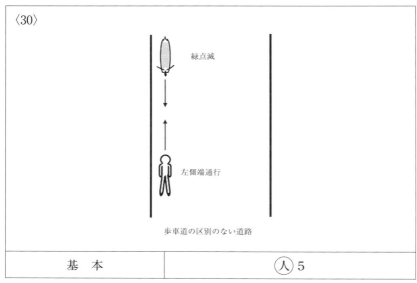

〈30〉

歩車道の区別のない道路

| 基　本 | ㊙5 |

　歩行者は、歩車道の区別のない道路では、道路の右側端を通行することが危険であるときその他やむを得ないときは道路の左側端を通行できますが、原則として、右側端に寄って通行しなければなりません（道交10①）。

　他方、特例特定小型原動機付自転車も車両であり、歩車道の区別のない道路を通行する場合その他の場合に、歩行者の側方を通過するときは、安全な間隔を保ち、又は徐行しなければならないと解され、安全運転義務等の一般的な注意義務を負っています（道交18②・70）。

　歩行者にも過失があると考えますが、そこまで大きい過失ともいえず、右側端を通行する場合よりも5％程度の加算修正が相当と考えます。

　歩行者が道路の右側端を通行することが危険であるときその他やむを得ないとして左側端を通行する場合には5％の減算修正が相当と考えます。

(3) 歩行者が側端以外を通行

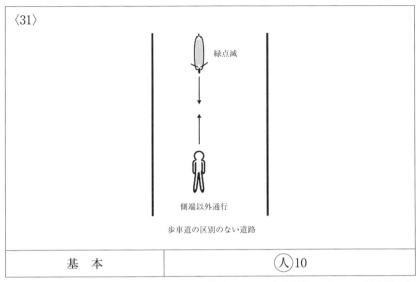

〈31〉

緑点滅

側端以外通行

歩車道の区別のない道路

| 基　本 | 人 10 |

　歩行者は、歩車道の区別のない道路では、右側端に寄って通行しなければなりません（道交10①）。

　他方、特例特定小型原動機付自転車も車両であり、歩車道の区別のない道路を通行する場合その他の場合に、歩行者の側方を通過するときは、安全な間隔を保ち、又は徐行しなければならないと解され、安全運転義務等の一般的な注意義務を負っています（道交18②・70）。

　歩行者にも過失があると考え、右側端を通行する場合よりも10％程度の加算修正が相当と考えます。

3 特例特定小型原動機付自転車が歩道走行モードで歩車道の区別のない道路を走行している場合の車両との事故

　特例特定小型原動機付自転車が歩道走行モードで歩車道の区別のない道路を走行している場合の車両との事故の過失相殺については、設問37を参考にしてください。

第4章　過失相殺　　　197

37　車道における特例特定小型原動機付自転車の歩道走行モードの過失相殺の考え方は

Q 　特例特定小型原動機付自転車が歩道走行モードで車道を走行しているときに一般原動機付自転車にぶつかった場合の過失相殺は、どのように考えればよいのでしょうか。

A 　特例特定小型原動機付自転車は、歩道走行モードでも車道や自転車道を走行することは可能であり、この点の検討も必要と考えます。

　車道における特例特定小型原動機付自転車の歩道走行モードでの過失相殺は、基本的には、普通自転車と同様の過失相殺率が適用され、従前からの過失相殺率ないし過失割合が参考になると考えられます。

解　説

1　特例特定小型原動機付自転車の歩道走行モードでの歩道・路側帯以外の場所における事故の過失相殺の考え方の概要

　特例特定小型原動機付自転車は、歩道走行モードであれば、歩道や路側帯を通行できるわけですが、歩道走行モードで車道を走ってはならないという規定にはなっていません。

　特例特定小型原動機付自転車の場合、6km/hの速度を超える速度を出すことができる車道走行モードで車道や自転車道を走行するのが通常と思われますが、歩道走行モードでも車道や自転車道を走行することは可能であり、この点の検討も必要と考えます。

　特に、特例特定小型原動機付自転車は、全ての交差点で二段階右折が原則であり、交差点に横断歩道がある場合には横断歩道を使用する

ことが多いと考えられますが、横断歩道がない場合、歩道走行モードで車道を通行することが想定されます。

それでは、特例特定小型原動機付自転車が歩道走行モードで車道や自転車道を走っている場合に、どのように考えればよいのでしょうか。

特例特定小型原動機付自転車であれば、本来なら車道走行モードで走行できるにもかかわらず歩道走行モードで走ったことについて法令上禁止されているわけではないので非難はできず、速度的には普通自転車の徐行の速度以下であり、特例特定小型原動機付自転車の歩道走行モードの運転者の他の車両に対する注意義務は普通自転車の運転者と同じであると考えられます。

また、特例特定小型原動機付自転車の歩道走行モードは、法令上は外観で分かるようにはなっています。

すると、自動車、二輪、若しくは普通自転車からして、車道若しくは自転車道を、歩道走行モードで走行する特例特定小型原動機付自転車と普通自転車に対する注意との間には大差はないとも解されます。

以上の理由から、本書では、特例特定小型原動機付自転車の歩道走行モードでの車道や自転車道での事故については、基本的には、普通自転車と同様の過失相殺率が適用されると考えます。具体的には、以下のように整理します。

2 車道における特例特定小型原動機付自転車の歩道走行モードでの交通事故の過失相殺

車道における特例特定小型原動機付自転車の歩道走行モードでの過失相殺は、基本的には、普通自転車と同様の過失相殺率が適用され、従前からの過失相殺率ないし過失割合が参考になると考えられます。

従前からの過失相殺率ないし過失割合については、多岐にわたりますので、東京地裁民事交通訴訟研究会編『別冊判例タイムズ38　民事交通訴訟における過失相殺率の認定基準〔全訂5版〕』（判例タイムズ社、

2014)、公益財団法人日弁連交通事故相談センター東京支部編『民事交通事故訴訟　損害賠償額算定基準』(赤い本)を参照してください。普通自転車同士の事故については、公益財団法人日弁連交通事故相談センター東京支部過失相殺研究部会編『自転車事故過失相殺の分析　歩行者と自転車との事故・自転車同士の事故の裁判例』(ぎょうせい、2009)、公益財団法人日弁連交通事故相談センター東京支部編「自転車同士の事故の過失相殺基準(第一次試案、2014年2月公表)」(赤い本2024年(令和6年)版下巻)、波多野紀夫「自転車同士の事故の過失相殺」(赤い本2014年(平成26年)版下巻)、伊東智和「自転車同士の事故に関する過失相殺について」(赤い本2024年(令和6年)版下巻)が参考になります。

> **車道における特例特定小型原動機付自転車の歩道走行モードの事故の過失相殺率の考え方**

事故態様		過失相殺
歩行者と特例特定小型原動機付自転車の事故	緑点滅	従前の歩行者と普通自転車の過失相殺率が適用されると考えます。
特例特定小型原動機付自転車同士の事故	緑点滅　緑点滅	従前の普通自転車同士の過失相殺率が適用されると考えます。
四輪車・単車・特定小型原動機付自転車と特例特定小型原動機付自転車の事故	緑点滅	従前の四輪車・単車と普通自転車の過失相殺率が適用されると考えます。
普通自転車と特例特定小型原動機付自転車の事故	緑点滅	従前の普通自転車同士の過失相殺率が適用されると考えます。

38 自転車道・普通自転車専用通行帯における特例特定小型原動機付自転車の歩道走行モード・特定小型原動機付自転車の過失相殺の考え方は

Q 普通自転車専用通行帯で、特例特定小型原動機付自転車や特定小型原動機付自転車が、先行する普通自転車を追い抜く際に接触した場合の過失相殺は、どのように考えればよいのでしょうか。

A 特例特定小型原動機付自転車の歩道走行モードでの自転車道・普通自転車専用通行帯での事故については、車道での事故と同様に、基本的には、普通自転車と同様の過失相殺率が適用されると考えます。

また、特定小型原動機付自転車（特例特定小型原動機付自転車の車道走行モードも含みます。）の事故については、基本的には、従前の原動機付自転車・二輪と同様の過失相殺率が適用されると考えます。

> 解　説

1 自転車道・普通自転車専用通行帯における特例特定小型原動機付自転車の歩道走行モードでの交通事故の過失相殺

基本的な解説は、設問37を参照してください。

本書では、特例特定小型原動機付自転車の歩道走行モードでの事故については、車道での事故と同様、基本的には、普通自転車と同様の過失相殺率が適用されると考えます。

2 自転車道・普通自転車専用通行帯における特定小型原動機付自転車の過失割合の考え方

(1) 自転車道

自転車道（道交2三の三）は、特定小型原動機付自転車・自転車専用の道路標識で示され、道路の左側部分の通行・右側部分の通行も相互通行可能ですが、自転車道内では左側を通行しなければなりません（道交18①）。

特定小型原動機付自転車は、歩道走行はできませんが、自転車道においては、普通自転車と同様、通行することができます。これは、特定小型原動機付自転車以外のマイクロモビリティ・一般原動機付自転車・普通自動二輪車・大型自動二輪車・四輪車が道路外の施設又は場所に出入りするためやむを得ないときの横断を除いて、自転車道を通行してはならないことと異なります（道交17③）。

また、普通自転車は自転車道が設けられている場合には自転車道以外の車道を横断する場合及び道路の状況その他の事情によりやむを得ない場合を除き、自転車道を通行する義務がありますが（道交63の3）、特定小型原動機付自転車は、自転車道が設けられていても、自転車道以外の車道も左側端は走行できます（道交18①）。

なお、車両進入禁止等の標識があっても補助標識で、普通自転車を除くとなっている道路は、普通自転車と同様、特定小型原動機付自転車も通行することができます。

(2) 普通自転車専用通行帯

普通自転車専用通行帯は、自転車専用レーンとも呼ばれており、道路標識により自転車が通行しなければならない車両通行帯を指定された通行帯です（道交20②）。道路標識の矢印でも分かるように相互通行はできず、一方通行であり、進行方向に向かって道路の左側部分に設けられた専用通行帯を通行しなければなりません。

本書では、道路の右側部分に設けられた普通自転車専用通行帯を通行した場合には、設問34の路側帯の道路の右側部分通行違反よりも、より逆走に近い過失があり、極めて危険であり、厳に慎しむべきと考えることから、20％の加算修正をしています。

普通自転車専用通行帯がある場合には、普通自転車も特定小型原動機付自転車も普通自転車専用通行帯を通行する義務があり、普通自転車専用通行帯以外の車道走行はできません。

なお、特定小型原動機付自転車以外のマイクロモビリティ・一般原動機付自転車・普通自動二輪車・大型自動二輪車・四輪車は、自転車道・普通自転車専用通行帯を走行することはできず、走行した場合は通行区分違反となり（道交17①）、重大な過失として20％の加算修正を行うのが相当と考えます。

（3）　速　度

特定小型原動機付自転車は、最高速度としても、20km/hを超える速度を出すことができない機種とされていますが、一般原動機付自転車とは定格出力に違いがあるわけではありません。一方で、普通自転車を普通に漕いだ速度は15km/h程度といわれており、速度からすれば、普通自転車よりも、特定小型原動機付自転車の方が速いことになり、本設問では、基本的に、それを前提に検討しています。

（4）　特定小型原動機付自転車の運転者が負うべき注意義務

自転車道・普通自転車専用通行帯で、特定小型原動機付自転車の運転者が負うべき注意義務は、通常の一般原動機付自転車の運転者とほぼ同じと考えられます。

本書では、自転車道・普通自転車専用通行帯における特定小型原動機付自転車の事故については、基本的には、従前の原動機付自転車・二輪と同様の過失相殺率が適用されると考えます。

以下、交通態様によって個別に検討します。

3 自転車道・普通自転車専用通行帯を直進走行する対向方向の事故

(1) 特定小型原動機付自転車同士の事故

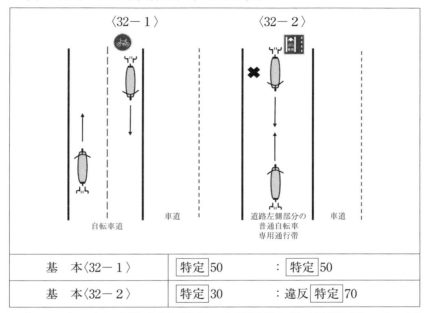

基　本〈32－1〉	特定 50	：	特定 50
基　本〈32－2〉	特定 30	：違反	特定 70

　〈32－1〉の自転車道は左側通行・右側通行も相互通行可能です。同等に近寄ってすれ違い時に接触することを想定して右側通行50対左側通行50を原則と考えますが、特定小型原動機付自転車は左側端を通行する義務があり（道交18①）、いずれかが、明らかに右側に寄った事故の場合には、事故に起因した右側に寄った側に10％〜20％の加算修正をするのが相当と考えます。

　〈32－2〉の普通自転車専用通行帯は、道路の左側部分の専用通行帯を通行しなければなりません。右側部分通行をした場合には、**設問34**の路側帯の右側通行違反よりも、逆走に近い過失があるとして、20％の加算修正をしています。

(2) 特定小型原動機付自転車と普通自転車・歩道走行モードの特例特定小型原動機付自転車との事故

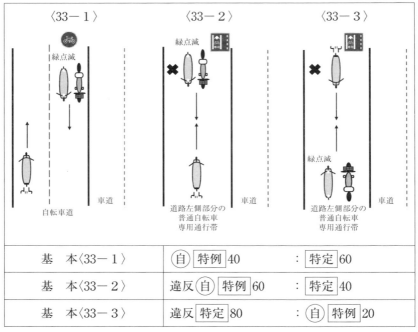

〈33−1〉は、〈32−1〉の特定小型原動機付自転車同士の右側通行50対左側通行50が原則のところ、車両区分の比較から普通自転車・歩道走行モードの特例特定小型原動機付自転車側に10％の減額修正をしています。いずれかが、明らかに右側に寄った事故の場合には、事故に起因した右側に寄った側に10％の加算修正をするのが相当と考えます（道交18①）。

〈33−2〉は、普通自転車専用通行帯の右側部分通行をした場合には、逆走に近い過失があり、違反した普通自転車・特例特定小型原動機付自転車側に20％の加算修正をしています。

〈33−3〉は、普通自転車専用通行帯の右側部分通行をした違反特定小型原動機付自転車側に20％の加算修正をしています。

4 自転車道・普通自転車専用通行帯を直進走行する同一方向の事故

(1) 後行車が追い抜き時に先行車に接触・衝突の場合

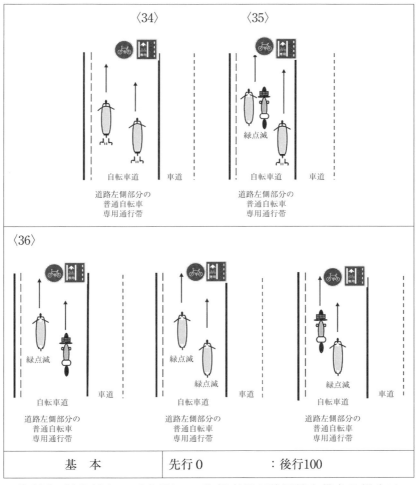

| 基　本 | 先行 0 | ：後行100 |

　先行車0対後行車100が原則で、先行車側が後写鏡を備える場合は、10％～20％の加算修正が考えられます。

(2) 特定小型原動機付自転車同士及び普通自転車・歩道走行モードの特例特定小型原動機付自転車につき先行車が進路変更時に後行車が接触・衝突した場合

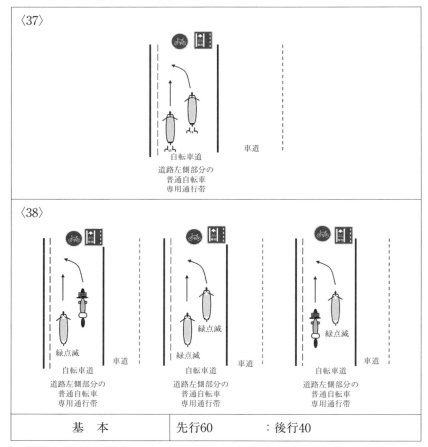

| 基　本 | 先行60 | ：後行40 |

　先行車60対後行車40が原則と考えます。先行車の進路変更にやむを得ない事情があり、後行車も認識ないし認識可能な場合には、10％〜20％の加算修正が考えられます。
　なお、〈38〉は、普通自転車が15km/h以下、歩道走行モードの特例特定小型原動機付自転車が6km/h以下で、特定小型原動機付自転車を相対速度からして追い越せないことを前提としています。

第4章　過失相殺　　　207

(3) 普通自転車・歩道走行モードの特例特定小型原動機付自転車と特定小型原動機付自転車につき先行車が進路変更時に後行車が接触・衝突した場合

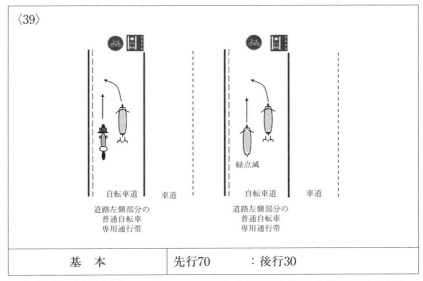

| 基　本 | 先行70　：後行30 |

　先行車60対後行車40のところ、特定小型原動機付自転車側に10％の加算修正を行いました。

　なお、先行車の進路変更にやむを得ない事情があり、後行車も当該事情につき認識ないし認識可能な場合には、10％～20％の加算修正をすることが考えられます。

5　自転車道・普通自転車専用通行帯における路外出入りの事故

(1)　歩道走行モードの特例特定小型原動機付自転車・普通自転車と特定小型原動機付自転車の事故

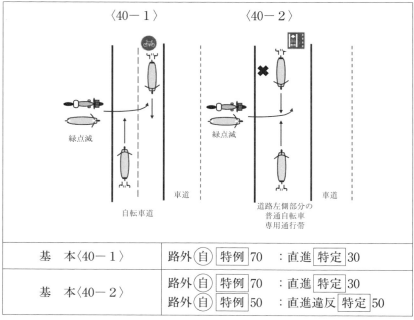

〈40－1〉は、路外車80対直進車20が原則のところ、車両区分の比較から普通自転車・特例特定小型原動機付自転車側に10％の減額修正をしています。

〈40－2〉は、普通自転車専用通行帯は、道路の左側部分の専用通行帯を通行しなければなりません。右側部分通行をした場合には、**設問34の路側帯の右側通行違反よりも、逆走に近い過失がある**として、20％の加算修正をしています。

〈40－1〉も〈40－2〉も、路外車の既進入は10％の減算修正、急な飛び出しは10％の加算修正が相当と考えます。

(2) 歩道走行モードの特例特定小型原動機付自転車・普通自転車同士の事故

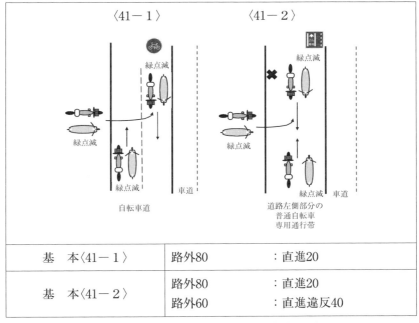

基　本〈41－1〉	路外80	：直進20
基　本〈41－2〉	路外80 路外60	：直進20 ：直進違反40

〈41－1〉は、路外車80対直進車20が原則と考えます。

〈41－2〉は、普通自転車専用通行帯は、道路の左側部分の専用通行帯を通行しなければなりません。右側部分通行をした場合には、**設問34の路側帯の右側通行違反よりも、逆走に近い過失があるとして、20％の加算修正**をしています。

〈41－1〉も〈41－2〉も、路外車の既進入は10％の減算修正、急な飛び出しは10％の加算修正が相当と考えます。

(3) 四輪・二輪・特定小型原動機付自転車が自転車道・普通自転車専用通行帯を通過する場合の特定小型原動機付自転車との事故

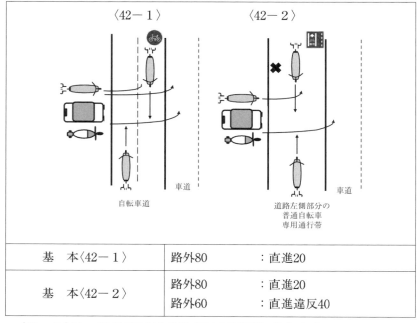

基　本〈42－1〉	路外80	：直進20
基　本〈42－2〉	路外80 路外60	：直進20 ：直進違反40

〈42－1〉は、路外車80対直進車20が原則と考えます。

〈42－2〉は、普通自転車専用通行帯は、道路の左側部分の専用通行帯を通行しなければなりません。右側部分通行をした場合には、**設問34の路側帯の右側通行違反よりも、逆走に近い過失があるとして、20%の加算修正をしています。**

〈42－1〉も〈42－2〉も、路外車の既進入は10%の減算修正、急な飛び出しは10%の加算修正が相当と考えます。

(4) 四輪・二輪・特定小型原動機付自転車が自転車道・普通自転車専用通行帯を通過する場合の歩道走行モードの特例特定小型原動機付自転車・普通自転車との事故

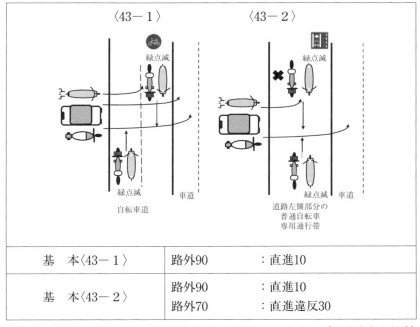

基　本〈43－1〉	路外90	：直進10
基　本〈43－2〉	路外90 路外70	：直進10 ：直進違反30

　〈43－1〉は、路外車80対直進車20が原則のところ、車両区分の比較から普通自転車・特例特定小型原動機付自転車側に10％の減額修正をしています。

　〈43－2〉は、普通自転車専用通行帯は、道路の左側部分の専用通行帯を通行しなければなりません。右側部分通行をした場合には、**設問34の路側帯の右側通行違反よりも、逆走に近い過失があるとして、20％の加算修正**をしています。

　〈43－1〉も〈43－2〉も、路外車の既進入は10％の減算修正、急な飛び出しは10％の加算修正が相当と考えます。

39 通行不能な歩道における特例特定小型原動機付自転車の歩道走行モードの過失相殺の考え方は

Q 特例特定小型原動機付自転車が、通行ができない歩道に進入して、歩道通行している人にぶつかった場合には、過失相殺はどのように考えればよいのでしょうか。

A 特例特定小型原動機付自転車は、通行できる歩道が決まっており、たとえ歩道走行モードでも通行不能な歩道での通行は、通行区分違反となります（道交17①）。

歩行者は、このような歩道では、基本的には、特例特定小型原動機付自転車に対して注意を払う義務を負っておらず、絶対的に保護されると考えられ、通行不能な歩道における特例特定小型原動機付自転車の歩道走行モードでの歩行者との事故は、過失相殺をしないことを原則と考えます。

通行区分違反をした特例特定小型原動機付自転車側には著しい過失があるとして10％の加算修正を行うのが相当と考えます。

解 説

1 通行不能な歩道における特例特定小型原動機付自転車の歩道走行モードでの事故の過失相殺の考え方の概要

特例特定小型原動機付自転車は、全ての歩道が通行できるわけではありません。特例特定小型原動機付自転車は、歩道のうち、普通自転車と同様に、普通自転車等及び歩行者等専用の道路標識がある場合や、特例特定小型原動機付自転車・普通自転車歩道通行可の道路標示がある場合には、歩道通行が可能です。

第4章　過失相殺　　213

　また、普通自転車の場合には、特例特定小型原動機付自転車と異なり、児童、幼児その他の普通自転車により車道を通行することが危険であると認められるものとして政令で定める者であるとき（道交17の2①柱書・63の4①二）や、車道又は交通の状況に照らして当該普通自転車の通行の安全を確保するため普通自転車が歩道を通行することがやむを得ないと認められるとき（道交63の4①三）には歩道通行ができるという例外規定がありますが、特例特定小型原動機付自転車には、このような歩道通行ができる拡張規定はありません。

　特例特定小型原動機付自転車では、普通自転車よりも通行できる歩道が限られており、通行不能な歩道での通行は、通行区分違反となります（道交17①）。

　過失相殺の考え方として、まず、歩行者は、基本的に、特例特定小型原動機付自転車に対して注意を払う義務を負っておらず、絶対的に保護されると考えられます。

　他方、普通自転車は、例外的に歩道を通行できる場合でも、歩行者がないときは歩道の状況に応じた安全な速度と方法で進行する義務があり（道交63の4②）、安全運転義務等の一般的な注意義務（道交70）を負っています。

　また、四輪・二輪・特定小型原動機付自転車も道路外の施設又は場所に出入りするためやむを得ない場合において歩道等を横断することができますが、歩道等に入る直前で一時停止し、かつ、歩行者の通行を妨げないようにしなければならず、安全運転義務等の一般的な注意義務（道交70）を負っています。

　それらの兼ね合いから、基本的な過失相殺の考え方としては、通行区分違反をした特例特定小型原動機付自転車側に著しい過失があるとして10％の加算修正を行うのが相当と考えます。これは、設問34でも

記載したように、東京地裁民事交通訴訟研究会編『別冊判例タイムズ38　民事交通訴訟における過失相殺率の認定基準〔全訂5版〕』（判例タイムズ社、2014）446頁【299】図の注⑤における歩道（自転車通行不可）通行等の5％加算修正よりも、結果的に高い内容になります。

　通行区分違反をした特例特定小型原動機付自転車側に加算する修正率として10％を相当と考える理由としては、設問34で、特例特定小型原動機付自転車の路側帯の右側通行が通行区分違反（道交17の3・17①）となる場合と同じ理由です。

　なお、本設問でいう通行不能な歩道には、特例特定小型原動機付自転車及び軽車両の通行を禁止することを表示する道路標示によって区画された路側帯も含まれるものとします。また、歩道通行がそもそもできない特例特定小型原動機付自転車以外のマイクロモビリティの歩道や路側帯通行は、設問41を参照してください。

　以下、事故態様により個別に検討します。

2 通行不能な歩道における歩道走行モードの特例特定小型原動機付自転車と歩行者との事故

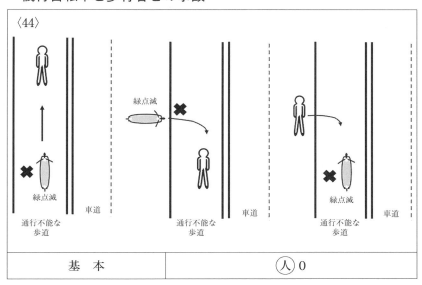

特例特定小型原動機付自転車では、歩道走行モードでも通行できる歩道が決まっており、通行不能な歩道での通行は、通行区分違反となります（道交17①）。歩行者は、このような歩道では、基本的に、特例特定小型原動機付自転車に対して注意を払う義務を負っていないと解され、絶対的に保護されると考えられます。

そこで、通行不能な歩道における特例特定小型原動機付自転車の歩道走行モードでの歩行者との事故は、過失相殺をしないことを原則と考えます。

3 通行不能な歩道における歩道走行モードの特例特定小型原動機付自転車と対向方向に直進走行している例外的に歩道通行可能な普通自転車との事故

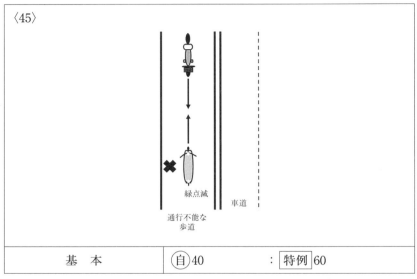

〈45〉

基　本　　　㊙40　　：　特例60

　普通自転車は、特例特定小型原動機付自転車よりも歩道通行ができる範囲が拡張されており、歩道において通行が可能な普通自転車に対して、歩道通行できない特例特定小型原動機付自転車が衝突した場合、特例特定小型原動機付自転車には通行区分違反がありますが（道交17①）、速度に関しては、6km/h以下のため特定小型原動機付自転車や他の二輪と異なり、普通自転車よりも遅い場合があります。一方で、普通自転車は、歩道を通行できる場合でも、歩行者がないときは歩道の状況に応じた安全な速度と方法で進行する義務があり、安全運転義務等の一般的な注意義務を負っています。

　それらの兼ね合いから、50対50のところ、通行不能な特例特定小型原動機付自転車側に10％の加算修正を行い、普通自転車40対特例特定小型原動機付自転車60を相当と考えます。

4 通行不能な歩道における歩道走行モードの特例特定小型原動機付自転車と同一方向に直進走行している例外的に歩道通行可能な普通自転車との事故

(1) 後行車が追い抜き時に先行車に接触・衝突した場合

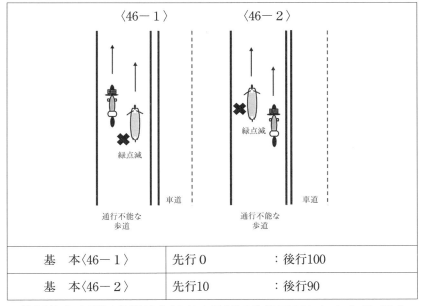

基　本〈46－1〉	先行0 ：後行100
基　本〈46－2〉	先行10 ：後行90

　特例特定小型原動機付自転車は通行区分違反がありますが（道交17①）、一方で、普通自転車は、歩道を通行できる場合でも、歩行者がないときは歩道の状況に応じた安全な速度と方法で進行する義務等があります（道交63の4②）。

　先行車0対後行車100のところ、通行区分違反のある特例特定小型原動機付自転車側に10％の加算修正を行いました。

　なお、先行車が後写鏡を備えている場合には、先行車に10％～20％の加算修正をすることも考えられます。

(2) 先行車が進路変更時に後行車が接触・衝突した場合

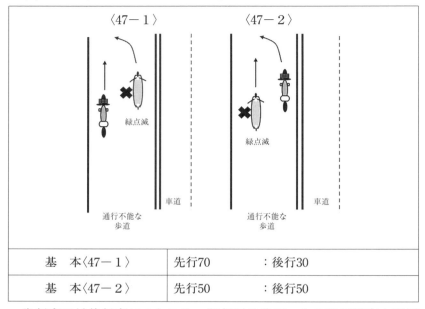

基　本〈47－1〉	先行70	：後行30
基　本〈47－2〉	先行50	：後行50

　先行車60対後行車40のところ、通行区分違反のある特例特定小型原動機付自転車側に10％の加算修正を行いました。

　なお、先行車の進路変更にやむを得ない事情があり、後行車も当該事情につき認識ないし認識可能な場合には、後行車に10％～20％の加算修正をすることが考えられます。

5 通行不能な歩道における歩道走行モードの特例特定小型原動機付自転車と歩行者以外の路外出入りの事故

(1) 特例特定小型原動機付自転車と例外的に歩道走行可能な普通自転車の事故

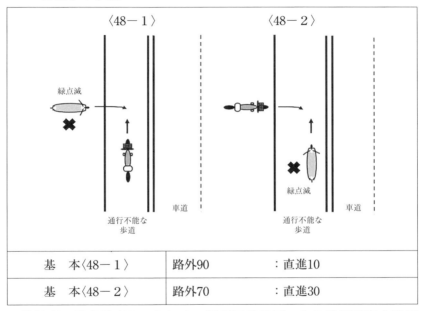

基　本〈48−1〉	路外90	：直進10
基　本〈48−2〉	路外70	：直進30

　路外車80対直進車20のところ、通行区分違反のある特例特定小型原動機付自転車側に10％の加算修正を行いました。

　路外車の既進入は10％の減算修正、急な飛び出しは10％の加算修正が相当と考えます。

(2) 四輪・二輪・特定小型原動機付自転車が歩道を通過する場合の特例特定小型原動機付自転車との事故

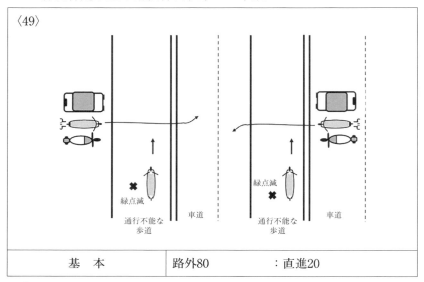

| 基　本 | 路外80 | ：直進20 |

　車両区分の比較から路外車90対直進車10のところ、通行区分違反のある特例特定小型原動機付自転車側に10％の加算修正を行いました。

　路外車の既進入は10％の減算修正、急な飛び出しは10％の加算修正が相当と考えます。

第4章　過失相殺　　221

6　通行不能な歩道における歩道通行モードの特例特定小型原動機付自転車・普通自転車同士の事故

通行不能な歩道における歩道通行モードの特例特定小型原動機付自転車・普通自転車同士の事故の場合には、通行区分違反の点では同等の立場です。

このような場合には、通行可能な歩道における事故の過失相殺（設問33参照）の考え方を参考にしてください。

40 車道（自転車道以外）におけるマイクロモビリティの過失相殺の考え方は

Q ペダル付原動機付自転車が自転車道以外の車道を走行中に、普通自転車にぶつかった場合の過失相殺は、どのように考えればよいのでしょうか。

A 特例特定小型原動機付自転車の歩道走行モード以外のマイクロモビリティは、通常の原動機付自転車や二輪と定格出力や速度、走行方法に違いがあるわけではありません。

本書では、車道におけるマイクロモビリティの過失相殺率は、特定小型原動機付自転車も含め、従前どおりの単車（原動機付自転車又は二輪）と同様と考えます。

解　説

1　特例特定小型原動機付自転車の歩道走行モード以外のマイクロモビリティの過失相殺の考え方の概要

特例特定小型原動機付自転車の歩道走行モード以外のマイクロモビリティは、道路交通法上、特定小型原動機付自転車、一般原動機付自転車、普通自動二輪車、大型自動二輪車のいずれかに該当します。

特定小型原動機付自転車に該当する場合でも、道路交通法上、一般原動機付自転車よりも、免許が不要等交通ルールは若干緩和されていますが（設問11参照）、道路交通法上の車両区分は、あくまで原動機付自転車であり歩道走行ができず、歩道を走行した場合には、通行区分違反となります（道交17①）。また、特例特定小型原動機付自転車も車

第4章　過失相殺　　223

道走行モードで歩道走行はできません（道交17の2①一）。

　そして、特例特定小型原動機付自転車の歩道走行モード以外のマイクロモビリティは、通常の原動機付自転車、普通自動二輪車、大型自動二輪車と定格出力や速度に大きい違いがあるわけではありません。

　よって、本書では、特例特定小型原動機付自転車の歩道走行モード以外のマイクロモビリティの車道における事故の過失相殺率は、基本的には、特定小型原動機付自転車も含め、従前どおりの単車（原動機付自転車、普通自動二輪車、大型自動二輪車）と同様と考えます。

　従前からの過失相殺率ないし過失割合については、多岐にわたりますので、東京地裁民事交通訴訟研究会編『別冊判例タイムズ38　民事交通訴訟における過失相殺率の認定基準〔全訂5版〕』（判例タイムズ社、2014）、公益財団法人日弁連交通事故相談センター東京支部『民事交通事故訴訟　損害賠償額算定基準』（赤い本）を参照してください。

特例特定小型原動機付自転車の歩道走行モード以外のマイクロモビリティの車道における事故の過失相殺率の考え方

事故態様		過失相殺
歩行者とマイクロモビリティの事故		従前の歩行者と単車の過失相殺率が適用されると考えます。
マイクロモビリティ同士、単車とマイクロモビリティの事故		従前の単車同士の過失相殺率が適用されると考えます。

四輪車とマイクロモビリティの事故		従前の単車と四輪車の過失相殺率が適用されると考えます。
普通自転車とマイクロモビリティの事故		従前の普通自転車と単車の過失相殺率が適用されると考えます。

第4章　過失相殺　　　225

41　歩道通行できないマイクロモビリティによる歩道ないし路側帯における事故の過失相殺の考え方は

Q　　　一見、普通自転車のように見えるペダル付原動機付自転車が、歩道を通行できないにもかかわらず、歩道を通行して人にぶつかった場合、過失相殺はどのように考えるのでしょうか。

A　　　歩道通行できないマイクロモビリティが歩道を通行するのは、通常の一般原動機付自転車、普通自動二輪車、大型自動二輪車が歩道通行をするのと同じで、危険極まりなく、通行区分違反となり（道交17①）、マイクロモビリティ側に重大な過失があるとして20％の加算修正を行うのが相当と考えます。

解　説

1　歩道通行できないマイクロモビリティによる歩道ないし路側帯における事故の過失相殺の考え方の概要

　特例特定小型原動機付自転車の歩道走行モード以外のマイクロモビリティは、道路交通法上、特定小型原動機付自転車、一般原動機付自転車、普通自動二輪車、大型自動二輪車のいずれかに該当します。特例特定小型原動機付自転車の歩道走行モード以外のマイクロモビリティは、仮に見た目が普通自転車に見えたとしても、歩道ないし路側帯の通行はできません。横断歩道上も通行できません。

　歩道通行できないマイクロモビリティが歩道や路側帯を通行するのは、一般原動機付自転車、普通自動二輪車、大型自動二輪車が歩道通

226 第4章 過失相殺

行をするのと同じであり、危険極まりなく、通行区分違反です（道交17
①）。

　しかし、残念ながら、特にペダル付原動機付自転車が歩道や路側帯
を通行しているのはよく見かけます。普通自転車に見せかけるため
か、バランスをとるためか、申し訳程度にペダルを漕ぐ仕草も見える
のですが、ペダルを漕がずとも動いており、普通自転車の速度以上の
速度が出ているのは一見して分かります。歩道を堂々と通行するペダ
ル付原動機付自転車は、ナンバープレートがない車両ばかりです。

　このような車両によって交通事故に発展した場合には、走行速度か
らして、被害の大きさに加え、被害者保護のための保険等も付保して
いないことが考えられますから、被害回復には相当困難が予想されま
す。このような観点から、令和6年5月24日法律34号の道路交通法改正
により、ペダル付原動機付自転車は原動機付自転車であることが明記
されました。

　基本的な過失相殺の考え方としては、通行区分違反のマイクロモビ
リティ側に重大な過失があるとして20％の加算修正を行うのが相当と
考えます。

　これは、歩道走行モードの特例特定小型原動機付自転車が通行可能
な歩道の中央から車道寄りの部分を走行しない場合や普通自転車通行
指定部分があるのに自転車通行指定部分を通行していない場合を著し
い過失として10％の加算修正をすること（設問33）、歩道走行モードの
特例特定小型原動機付自転車が道路の右側部分の路側帯を通行した場
合を著しい過失として10％の加算修正をすること（設問34）、歩道走行
モードの特例特定小型原動機付自転車が通行不能な歩道を通行した場
合を著しい過失として10％の加算修正をすること（設問39）よりも高
い割合になります。

第 4 章　過失相殺　　227

　歩道通行ができないマイクロモビリティの通行区分違反を重過失として20％の加算修正と考えるのは、歩道走行モードの特例特定小型原動機付自転車しか歩道や路側帯の走行ができないことの周知が図られており、取締り等もなされるなど報道がなされていて、当該マイクロモビリティが歩道通行できるか否かを運転者が検討させられる機会が増えていること、歩道走行モードの特例特定小型原動機付自転車の最高速度が6km/hと仕様上の制限があるところ、歩道通行ができないマイクロモビリティは相対的に速度が速く、衝突の際のエネルギーも大きいことが想定され、歩道通行は極めて危険な行為で、厳に慎むべきものと考えるためです。

　また、横断歩道についての個別の検討は、紙面の関係で割愛していますが、通行区分違反の歩道通行できないマイクロモビリティ側に同じく重大な過失があるとして20％の加算修正を行うのが相当と考えます。

　以下、事故態様により個別に検討します。

2　歩道における歩道通行できないマイクロモビリティと歩行者との事故

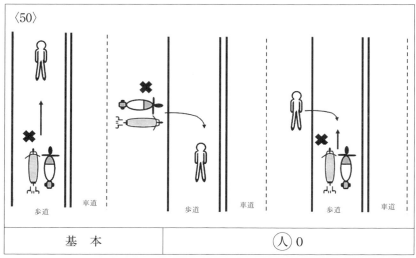

　歩行者は、歩道では、基本的に、単車（一般原動機付自転車、普通自動二輪車、大型自動二輪車）、四輪車に対して注意を払う義務を負っていないと解され、絶対的に保護されると考えられます。

　そこで、歩道通行できないマイクロモビリティによる歩道ないし路側帯における歩行者との事故は、過失相殺をしないことを原則と考えます。

3 歩道における歩道通行できないマイクロモビリティと対向方向に直進走行している歩道通行可能な普通自転車・特例特定小型原動機付自転車との事故

〈51〉

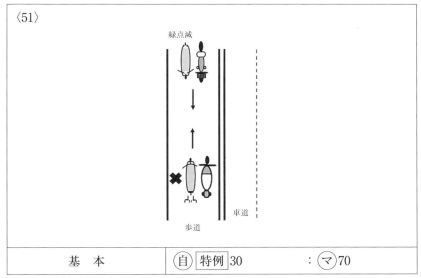

基　本	自 特例 30 ： マ 70

　50対50のところ、通行区分違反のマイクロモビリティ側に重大な過失があるとして20％の加算修正を行うのが相当と考え、普通自転車・特例特定小型原動機付自転車30対歩道通行できないマイクロモビリティ70を相当と考えます。

4 歩道における歩道通行できないマイクロモビリティと同一方向に直進走行している歩道通行可能な普通自転車・特例特定小型原動機付自転車との事故
 (1) 後行車が追い抜き時に先行車に接触・衝突した場合

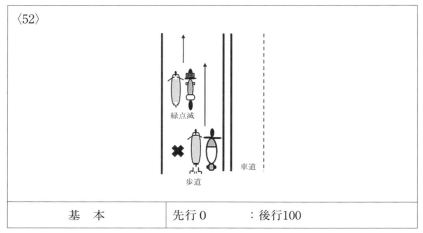

基　本	先行0　：後行100

先行車0対後行車100が相当と考えます。

第4章　過失相殺　　231

(2)　先行車の進路変更時に後行車が接触・衝突した場合

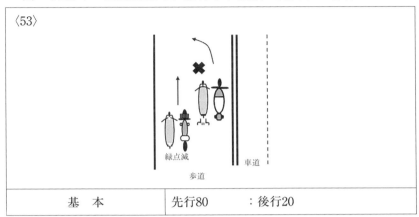

〈53〉

| 基　本 | 先行80　：後行20 |

　先行車60対後行車40のところ、通行区分違反の歩道通行できないマイクロモビリティ側に20％の加算修正を行っています。

5 歩道における歩道通行できないマイクロモビリティと歩行者以外の路外出入りの事故

(1) 特例特定小型原動機付自転車・普通自転車との事故

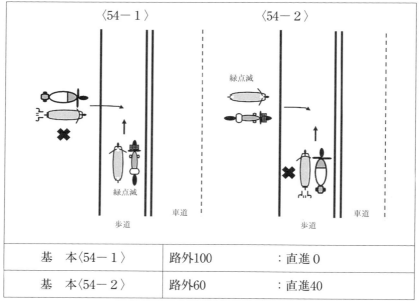

| 基　本〈54－1〉 | 路外100 | ：直進0 |
| 基　本〈54－2〉 | 路外60 | ：直進40 |

　〈54－1〉〈54－2〉は、路外車80対直進車20のところ、通行区分違反の歩道通行できないマイクロモビリティ側にそれぞれ20％の加算修正を行っています。

(2) 四輪・二輪・特定小型原動機付自転車が歩道を通過する場合の歩道通行できないマイクロモビリティとの事故

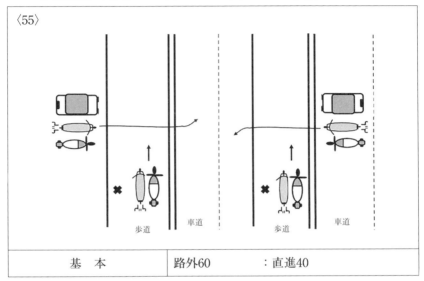

| 基　本 | 路外60 | ：直進40 |

　路外車80対直進車20のところ、通行区分違反の歩道通行できないマイクロモビリティ側に20％の加算修正を行っています。

6 歩道における歩道通行できないマイクロモビリティ同士の事故

　歩道における歩道通行できないマイクロモビリティ同士の事故は、通行区分違反という点では同等の立場であり、従前の車道における単車同士の交通事故の過失相殺の考え方が参考になると考えられます。

第4章　過失相殺　　235

7　通行不能な歩道を通行する歩道走行モードの特例特定小型原
　　動機付自転車・普通自転車と歩道通行できないマイクロモビリ
　　ティとの事故

　通行不能な歩道を通行する歩道走行モードの特例特定小型原動機付
自転車・普通自転車と、歩道通行できないマイクロモビリティとの事
故の場合には、通行区分違反という点では同等の立場ですが、車両区
分の比較から、従前の車道における普通自転車と単車との交通事故の
過失相殺の考え方が参考になると考えられます。

42　マイクロモビリティの過失相殺の修正要素は

Q　マイクロモビリティの過失相殺の修正要素として考えなければならない要素は、どのようなものでしょうか。

A　特定小型原動機付自転車以外のマイクロモビリティの過失相殺の修正要素は、従前どおりの単車（原動機付自転車、普通自動二輪車、大型自動二輪車）と同様と考えます。

特定小型原動機付自転車の過失相殺の修正要素は、内容によって、5％〜20％程度の修正がされると考えられます。

解　説

1　特定小型原動機付自転車以外のマイクロモビリティの過失相殺の修正要素

特定小型原動機付自転車以外のマイクロモビリティの過失相殺の修正要素は、従前どおりの単車（原動機付自転車、普通自動二輪車、大型自動二輪車）と同様と考えます。

従前からの過失相殺の修正要素については、多岐にわたりますので、東京地裁民事交通訴訟研究会編『別冊判例タイムズ38　民事交通訴訟における過失相殺率の認定基準〔全訂5版〕』（判例タイムズ社、2014）を参照してください。

2　特定小型原動機付自転車、特例特定小型原動機付自転車の過失相殺の修正要素

(1)　早回り右折、二段階右折違反

10％の加算修正が相当と考えます。

第4章　過失相殺　　237

（2）　左側端寄り通行義務違反

特定小型原動機付自転車の左側端寄り通行義務違反（道交18①）については、10％の加算修正が相当と考えます。

（3）　速度超過

超過速度により10％～20％の加算修正が相当と考えます。

（4）　特例特定小型原動機付自転車の徐行義務違反、歩道における
　　　対歩行者に対する一時停止義務違反（道交17の2②）

10％の加算修正が相当と考えます。

（5）　児童、高齢者が負傷した場合

歩行者、普通自転車の被害者側が児童、高齢者その他要保護者で負傷した場合には、被害者側に10％の減額修正が相当と考えます（東京地裁民事交通訴訟研究会編『別冊判例タイムズ38　民事交通訴訟における過失相殺率の認定基準〔全訂5版〕』（判例タイムズ社、2014）、伊東智和「自転車同士の事故に関する過失相殺について」（赤い本2024年（令和6年）版下巻23頁）参照）。

特定小型原動機付自転車・特例特定小型原動機付自転車が被害者側になった場合、16歳未満の者が運転することができないので基本的に児童は除かれ、同車両を運転していた高齢者の被害者の要保護性が問題となります。

この点、特定小型原動機付自転車・特例特定小型原動機付自転車は、道路交通法上は普通自転車と同様に免許が不要な車両ではあるものの、運転にはハンドル操作や道路状況の把握等に加えバランス感覚などを含め相応の能力が必要であり、道路運送車両法上は第一種原動機付自転車であり、被害者保護を目的とした自賠責保険制度の適用があり、自賠法3条の運行供用者責任の対象となり、通常の原動機付自転車や二輪、四輪車と同様の責任を負い得るため、少なくとも運転者にはある程度の判断能力や行動能力があることを前提とした車両であると考えられます。そこで、高齢者が特定小型原動機付自転車・特例特定

小型原動機付自転車を運転して被害を受けた際に、高齢者であるから
といって社会的に特段に保護をする要請があるとまでの理由は見出し
難く、過失相殺率の減算修正はしないと考えます。

(6) ヘルメット不着用

2023年4月施行の道路交通法の改正により全ての年齢層の自転車が
ヘルメット着用の努力義務を負い、特定小型原動機付自転車・特例特
定小型原動機付自転車もヘルメット着用の努力義務を負っています。
そこで、ヘルメット不着用は10%の加算修正が相当と考えます。

(7) 夜　　間

電動キックボードは尾灯や後部反射器が下部にあり、他の車両から
夜間は見にくく、存在が分かりにくいとの指摘があるようですが、基
本的に修正しないのが相当と考えます。

(8) 2人乗り

事故態様により10%～20%の加算修正が相当と考えます。

(9) スマートフォン等の画面の注視

事故態様により10%～20%の加算修正が相当と考えます。

(10) 道路運送車両法上の保安基準・保安装置設置違反

道路運送車両法上の保安基準・保安装置設置違反も、同法の不適合
の度合いと事故との因果関係があれば、著しい過失や重過失としての
修正要素として加味され、事故態様により10%～20%の加算修正が相
当と考えます。

Q＆A　マイクロモビリティによる
交通事故の責任・保険・過失相殺
－電動キックボード
　　・電動立ち乗り二輪ボード・モペット－

令和 6 年10月11日　初版発行

著　者　藤　井　裕　子
発行者　河　合　誠　一　郎

発　行　所　新 日 本 法 規 出 版 株 式 会 社

本　　　　社　（460-8455）　名古屋市中区栄 1 － 23 － 20
総 轄 本 部

東 京 本 社　（162-8407）　東京都新宿区市谷砂土原町2－6

支社・営業所　札幌・仙台・関東・東京・名古屋・大阪・高松
　　　　　　　広島・福岡

ホームページ　https://www.sn-hoki.co.jp/

【お問い合わせ窓口】
新日本法規出版コンタクトセンター
📞 0120-089-339 （通話料無料）
●受付時間／ 9 ：00〜16：30（土日・祝日を除く）

※本書の無断転載・複製は、著作権法上の例外を除き禁じられています。
※落丁・乱丁本はお取替えします。　　　ISBN978-4-7882-9383-0
5100339　マイクロ交通事故　　　　　Ⓒ藤井裕子 2024 Printed in Japan